當……的失去，怎麼說服自己待在這裡？

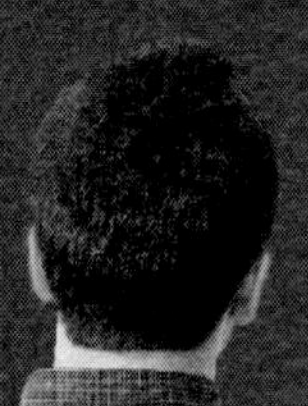

在學校高成績
在職場零業績

不懂提升自己，
只會被殘酷的
現實拋棄！

戴譯凡，羅哈德 主編

剛入職場的你：我一定要成為這個行業的佼佼者！
入職多年的你：隨便啦……有飯吃就好……

從積極打拚到消極擺爛，你對這樣的變化深有感觸嗎？被機車上司和無腦客戶磨滅熱情？得不到成就感？想要離職或轉換跑道，現實卻是沒有跳槽的資本

——人生怎麼能被這樣綁死！

本書帶你重新審視自己的工作情況，從擬定目標、擴展能力到精準落實一應俱全，

不論位於職涯的哪個階段都能受用無窮！

目錄

第一章　工作是生活需求

第二章　積極工作的祕訣

目錄

第三章　隨時為自己充電

第四章　辦公室人際策略

目錄

第一章　工作是生活需求

擁有財富者仍需要工作

「什麼？你說你不想讀書了？」格雷先生對僅僅十五歲的兒子不想讀書感到十分吃驚。

「是的，我想我是不願讀書了，讀書有什麼用？」查理回答道。

「你是不是認為你的知識夠豐富了？」格雷先生問。

「我是有這種想法，至少我不比喬治．里曼懂得少，他三個月前就輟學了，他爸爸是個有錢人。」

說完，查理轉身就要出門。「查理，回來！」父親命令道，「如果你真的不想繼續讀書，那你就必須去工作養活自己，我可以供你讀書，但絕不會供你揮霍。」

一天，格雷先生帶著查理來到了一座監獄。在監獄裡，格雷先生見到了他的老同學。他搶先打起招呼：「嗨！哈默先生，見到你我非常高興……」格雷先生頓了頓又說道：「但在這個地方見到你我又感到非常遺憾。」

「我現在也非常悔恨，但又有什麼辦法呢！」那個囚犯注意到了查理：「這是你的兒子吧？」

「是的，他叫查理，他年紀與我們一起上學時的年紀差不多，約翰，你還記得那段時光嗎？」

「當然，我怎麼能忘記那段時光。雖然我希望那只是一場夢，能夠重頭再來，但又怎麼可能，事實就是事實。」囚犯不禁感嘆起來。

「究竟發生了什麼事？我記得在我們分手時你的狀況很讓人羨慕，到底什麼事導致了你今天這樣？」格雷先生問。

「很簡單！」囚犯俐落地回答道，「這一切只因為我遊戲生活，我原以為讀書只不過是浪費時間，我有我父親留給我的一大筆遺產，我根本用不著讀書。我整天與那些社會敗類混在一起花天酒地，肆意揮霍。直到有一天早上醒來我才發現我已一無所有。我想透過工作來賺錢，但到那時我才知道這一點我也無法做到，我要活著，而活著就必須有錢，接下來的事就可想而知了。」

獄警來叫哈默工作，哈默離去了。格雷先生問獄警：「有多少囚犯可透過訓練，憑工作謀生？」

「十人中也許找不到一個。」獄警回答。

「查理，我之所以告訴你，你必須自己工作養活自己，是有一定道理的。」在回家的

路上，格雷先生對兒子說，「這次你也看到了監獄裡的情況。是的，我的確是個有錢人，但我的錢只能供你上學，而不能供你不用工作就能很好地生活下去，無論是現在還是將來。要知道，一個人無所事事、遊手好閒是多麼可怕，足可以毀掉他一生。」

查理考慮了一下，對父親說：「那好吧，爸爸，星期一我就返校。」

好好工作才能好好生活

約翰．亞當斯（John Adams）感覺實在無法忍受學拉丁語了，於是鼓足勇氣向父親提出不學拉丁語的請求。

「那好吧！」父親這樣答道，「即然你不想學了，那你就去水田挖幾條排水溝吧！」約翰本來就戰戰兢兢地向父親提出不學拉丁語了，現在對於父親的這個命令就更不敢違抗了。他拿起鐵鍬就去了水田，一做就是一天，約翰邊做邊考慮不學拉丁語一事。晚上回到家，約翰又來到父親身邊，請求父親允許他繼續學習拉丁語。父親依然很平靜，同意了他的請求。從此，約翰全心全意投入到學習中，並在學習中養成了一絲不苟的做事習慣。許多年以後，約翰成了美國建國以來的第二任總統，成了世界名人。

好好工作才能好好生活

「如果我的錢只用來供自己花費開銷，那我又何必一定要辛勤工作呢？」許許多多年輕人都有這樣的疑問。

如果一個人真的不用出錢供養自己的母親、姐妹以及妻子，那麼真的是上帝對他寵愛有加了。但是他要明白：良好的品性一定是要經過辛勤工作來塑造的。

一位透過自己勤勤懇懇工作致富的人年輕時沒有接受過良好的教育，所以他很希望自己的孩子在這方面比他強。即將離世時，他卻後悔不迭：「我雖希望他們接受良好的教育，但我花在這方面的心血還是太少了。他們一直過著養尊處優的生活。我多希望他們能夠成為品格高尚令人尊敬的人，但事實卻是：一個是醫生，卻沒有一個患者來找他看病；一個是律師，卻從來沒人請他出過庭；一個在經商，卻從不關心經營情況。我多次勸他們做人要誠實，做事要忠誠懇切，但他們就是聽不進去。他們總是回答：『爸爸，你有花不完的錢，我們又何必辛苦地去做事呢？』」

《青年導讀》裡記載了賽勒斯．菲爾德（Cyrus West Field）成長的故事。賽勒斯．菲爾德是大西洋電纜建設工程的發起人，著名的企業家。他十六歲那年拿著全家人辛辛苦苦累積儲蓄下來的八美元離開斯托克布里奇（Stockbridge）到紐約發展。賽勒斯．菲爾德來到紐約的哥哥家住了下來。他的哥哥大衛．菲爾德很爭氣，透過努力成為了紐約法律

界的一位要人。在哥哥家居住的時候，賽勒斯·菲爾德感到很不快樂。哥哥家的一位客人馬克·霍普金斯看出了他的異常，對他說：「一個孩子如果離開家後總是想家，那他是沒有什麼發展的。」

沒多久，賽勒斯進入了當時紐約市最好的乾貨交易店——斯圖爾特店工作。剛去時，賽勒斯只做些打雜的工作，年薪是五十美元，早上六點以後開始工作。在當上店員之後，早上八點開始工作，一直到晚上沒有客人為止。「這一次我會用心。」菲爾德這樣記載道，「我保證在第一個顧客來到之前趕到店裡，最後一個顧客離去後再離開。我努力學習一切我認為有用的知識，我要做一個讓所有人都佩服的推銷商，我知道將來的成功是建立在今日的努力基礎之上的，我一有空就去商業圖書館看書，我還是每週六晚上舉辦活動的辯論團體的成員。」

實際上，店主斯圖爾特本身就是要求嚴格的人，他要求斯圖爾特店的每一位店員早上上班必須登記，午飯和晚飯以及請假回來也都必須登記。假如早上上班遲到，或者午飯超過一小時，晚飯超過四十五分鐘，都要受到懲罰。賽勒斯·菲爾德在遵守這些規定方面是個典範，他沒有受到一次懲罰。除此之外，他的業務還是最佳的，所以他很快受到了斯圖爾特本人的重視，如果不出什麼意外，提升他只是個時間的問題。

斯圖爾特當年兢兢業業苦心經營自己的生意，隨著生意越做越大，他的這種經營態度也越來越得以全面展現。他制定的制度科學而合理，這使得他的大集團以令人吃驚的良好態勢高速運轉。斯圖爾特還是個精益求精的人，在他病入膏肓行將離世之前，他還在思索能夠進一步提升工作效率、完善各部門合作的各種可能性。

斯圖爾特是偉大的，那他的後繼者呢，是不是也同樣不平凡呢？斯圖爾特的繼任者接手的是龐大的商店銷售網和斯圖爾特遺留下來的科學的管理制度，但是斯圖爾特的繼承者卻沒能很好地繼承這一切，他們不關注商店的經營狀況，對客戶也非常不禮貌，也不檢查各部門的各項工作，他們只是眼看著這龐大的商店和財富而驕傲不已，他們以為商店會自動順利運轉下去，會帶來數不清的財富。這樣做的結果可想而知，但由於斯圖爾特店的確真的是財力雄厚，再加上斯圖爾特店原先良好的聲譽，致使某些弊端、危機在頭幾年沒有顯現，或顯現不明顯，但這種表面繁華狀況很快就消失殆盡了。首先，老顧客出現了不滿，繼而所有顧客都心存不滿，斯圖爾特的繼任者們終於看到了：他們的商店收入在減少，信譽在下降，顧客寥寥無幾。更讓他們感到可怕的是，投資者也失去了耐心和興趣，都準備撤資或停止投資。

關鍵時刻，約翰·沃納梅克（John Wanamaker）接手了斯圖爾特店，沃納梅克是一個

與斯圖爾特同樣不平凡的人，也是一個白手起家的商業能手。在當學徒的時候，他距離工作地點——位於費城的一個書店四英里，每天他必須步行去那裡，但薪水只有每週一點二五美元，但是沃納梅克發誓要賺到多於老闆十倍的收入，這個念頭支持他一直堅強地向前走，終於成功。沃納梅克接手斯圖爾特店僅僅幾年，就又使斯圖爾特店重現了斯圖爾特在世時的繁榮景象。

一個想要成就一番事業的人，只有像斯圖爾特和沃納梅克一樣立足現實、辛勤工作，並且持之以恆，十年如一日，才有可能成功，成功之後也不要滿足，更不要驕傲，這樣才有可能創造富足、美滿的生活，並可能長久保持下去。

不要虛度年華

「米開朗基羅真是個非同凡響的人物。」一位法國作家這樣評論道，「他雖已年逾六十，已不那麼強悍，但看他在大理石上飛快地揮舞著雕刻刀，依然顯得那麼遒勁有力。他一刻鐘完成的工作量，三個壯碩年輕人一個小時也完成不了。他真讓人佩服，碎石在他雕刻刀下飛濺，那氣勢、那力氣會讓人以為在他一擊之下整塊石頭都有可能粉碎。懂得雕刻的人都知道多雕刻掉哪怕是一根頭髮厚度的石片，都可能使整個雕刻工作前功盡棄，所以許多人都很擔心米開朗基羅那雄勁有力的一揮、一戳，畢竟掉下的石頭不會再重新補上。」

而米開朗基羅則對另一位非凡人物——拉斐爾讚嘆不已：「他才是最值得人類歌頌的，因為他的靈魂最美麗，他以他的勤奮創造了一個又一個最燦爛的輝煌。」許多人都驚嘆拉斐爾何以能夠創造出如此完美的作品，拉斐爾對此的回答是：「從小時候起，我就養成了對任何事物都重視的習慣。」可惜的是，這位藝術家英年早逝，三十八歲就離開了這個世界。羅馬陷入了深深的悲痛之中，連羅馬教皇利奧十世也為拉斐爾的離世悲傷哭泣。拉斐爾給後人留下了兩百八十七幅繪畫作品，五百多張素描。其中有些作品藝術價值無法用金錢衡量。在那些整天懶散無事、不思進取的年輕人看來這是多麼不可思議而教訓深刻啊！

達文西也是個勤奮而有大成就的人，他每天在天剛濛濛亮時就起床去工作，一直工作到天黑什麼都看不見為止，就是在這樣勤奮工作下，達文西才給我們留下了許多寶貴的精神財富。

魯本斯成了名畫家並漸漸富裕之後，一位煉丹師找上了他，他要求兩人合作把普通

金屬變成金子。煉丹師告訴魯本斯說世上只有他一人才知道煉金子的祕訣。魯本斯對他說：「可惜，我早在二十年前就已發現了這個祕密。」說著，魯本斯指著自己的畫具又說：「透過它們我很容易實現這一夢想。」

法國畫家米萊（Millais）一旦畫起畫來，就全心全意投入，不被外界所干擾。他說：「任何一個農夫，不管他有多勞苦，他都沒有我勞累。」他又說：「一個年輕人最應該做的就是工作。天才是可遇而不可求的，但即使是天才，如果不努力工作，也不會做出什麼大成績。我從不建議別人立志當一名藝術家，從前如此，現在、將來也如此。如果一個孩子擁有了成為藝術家的潛力，那麼他是不用別人去勸導、建議的，他仍然會朝此方向邁進的。但就有很多人問我是否應該培養他們的孩子成為一名畫家，我的回答從來都是否定的。我要提醒他們的是，不管將來成為什麼，都必須從現在、從小腳踏實地做起，不要忽視瑣碎事情，不管它們多麼令人生厭，多麼不值得一做。還有那就是努力工作。」

《聖經》的譯者馬丁．路德是一名宗教改革家，他非常推崇一句話：「每天都要完成一些工作。」特納（Turner）也非常贊同這句話。特納的老師約書亞．雷諾德就常教導特納說：「如果想要超過別人，那就必須時時刻刻努力工作、學習，除此之外，沒有別的，唯艱苦工作。」工作有時確是艱苦的，但在特納看來工作不但是艱苦的，更是美好的。

如果一個人利用智慧造福人類、貢獻力量使國家受益、奉獻愛心而使鄰里受益，那麼可以說他沒有虛度他的年華。

彼得大帝是一個英明的君主，他的英明就在於他知道學習，知道努力工作。在王室其他成員還穿著考究的宮廷服裝享樂的時候，彼得大帝就已換下宮廷服裝，穿上普通人的衣服去西歐學習先進的生產技術了。在英國，他屈尊進入紙廠、磨房、製錶廠以及其他廠與其他工人一樣工作；在荷蘭，他甘願為徒向一位造船師學習。在工作中，彼得注意向那些優秀人物學習，學習他們的先進技術和科學的管理方法。

彼得利用一個月的時間在伊斯提亞鑄鐵廠學會了冶煉金屬的技術，最後一天他鑄造了十八普特的鐵，他把自己的名字刻在這些鐵上面。隨同彼得周遊的俄國貴族怎麼也沒有想到他們有朝一日會從事這種工作，但怨言歸怨言，他們最後也不得不在彼得的帶動下拿起了煤鏟、拉動了風箱。在索要報酬時，工頭穆勒付給了彼得十八個金幣。彼得知道鑄一普特鐵的報酬是三個戈比，顯然他的報酬超出他的所得了。彼得對穆勒說：「把多餘的金幣拿回吧！只需給我所應得的報酬就可以啦，這足夠我買一雙新鞋啦，我實在應該換一雙鞋了。」的確，彼得腳上穿的鞋已破爛得不成樣子，幾塊後補的補丁也已磨

破。現在在穆勒的伊斯提亞鑄鐵廠還珍藏著當初彼得大帝鑄造的一根鐵棒。匹茲堡的國家珍奇博物館保存著另外一根。俄國人從彼得大帝身上受到很大啟發：要想出人頭地，要想超越別人，就一定要辛勤工作，努力、努力、再努力，辛勤、辛勤、再辛勤。

如果你自我感覺不錯，自認為一切該得到的東西都會自動到來，那你就要注意了，因為你可能終生一事無成。如果你想挽救自己，那就要立即拋棄這種可悲的想法，而以辛勤的工作代之，你要明白，只有辛勤的勞動才最有可能使你成功，才是最最重要的成功元素。

比徹對勤奮工作的認知比較徹底：「在我看來，知識領域中的任何一種藝術流派、任何一件作品，莫不經過創造者多年的辛勤工作而得以揚名世界。天才離不開勤奮，離開勤奮的天才也長久不了。」

的確，翻開歷史，我們會發現，所有的有著世界影響的業績和成就無一不是勤奮的結晶，不管是文學作品，還是藝術作品，皆是如此。

戈德史密斯（Oliver Goldsmith）認為一天裡能夠寫出四行詩就已經相當了不起了。《廢棄的農村》（*The Deserted Village*）這樣一部有影響力的大作品就花費了戈爾德斯密斯多年時間。戈爾德斯密斯認為：「如果一個人養成了持之以恆的寫作習慣，那麼那些零星寫作的作者是無法領略到這個人的思維的縝密程度以及寫作時的熟練程度，永遠都不能，哪怕那些人有著這個人十倍的天賦。」

朗費羅（Longfellow）把偉大的詩歌作品比作浮出水面的橋梁，把詩人平時的學習與研究比作沉沒在水中的橋基。他說：「橋梁固然重要，但橋基也是必不可少的，不能因為看不見它，而忽略它的重要性。」

如有可能可看一下那些偉大作品的「初稿」，定會受到啟發，無論是《獨立宣言》，還是朗費羅的〈人生頌〉（*A Psalm of Life*），亦或其他作品，沒有哪一部作品是一下成稿的，都是經過了多次修改和潤色的。

古代雅典的雄辯家狄摩西尼（Demosthenes）為了寫成《斥腓力》（*Philippica*）用了大量的時間，耗了大量精力；柏拉圖對《理想國》的要求更嚴謹，光開頭第一句話就用了九種不同的寫法；波普（Alexander Pope）花掉整整一天的時間只為了寫好兩行詩；夏綠蒂．勃朗特（Charlotte Brontë）用一個小時思索一個適當的詞語；格雷寫一個短篇需要用一個月時間；吉朋（Edward Gibbon）寫《羅馬帝國衰亡史》（*The History of the Decline and Fall of the Roman Empire*）的第一章就寫了三遍，而完成這部大部頭作品則用了二十五年。

第一章　工作是生活需求

安東尼．特洛勒普（Anthony Trollope）認為一個人說要等到心情好時或是靈感來臨時再開始工作也不遲根本就是自欺欺人。

「不經過努力就成功的事真的很不錯。」一次大律師羅費斯．喬特的一位朋友對他說。「這有什麼可感嘆的。」大律師回應道，「那樣做就猶如把希臘字母撒落地上，撿起來就成了偉大的史詩《伊利亞德》（*Iliad*）而不可信。」

坐等著好事降臨與希望月光變成銀子一樣都屬無稽之談。夢想自然法則會隨你所願那更是痴人說夢。這些想法是那些不願努力工作者的水中月、霧中花，也是那些目光短淺者的海市蜃樓。

亞歷山大．漢彌爾頓（Alexander Hamilton）告訴世人：「不要以為是我的天賦成就了我的成功，實際上，是努力工作成就了我。」

丹尼爾．韋伯斯特（Daniel Webster）在他七十歲生日之際談起了他的成功：「要說我能有今天這番成績，完全來自於我的努力，在我能夠工作時日起，我沒有一天不在努力工作。」

「我最大的樂趣是在工作中找到的。」已年近九十歲的格萊斯頓（Gladstone）這樣說，「勤奮工作是一種好的習慣，它能使你獲益匪淺。很多年輕人把休息看作工作的結束，但在我看來改變工作方式才是最好的休息方式。假如說你長時間看書眼睛已疲勞，腦子昏沉，那就不妨到空氣清新的外面走走，活動一下身體，這樣疲勞就會被你驅走。實際上，自然的努力一刻也沒有停止過，即便在我們睡覺時，心臟仍在工作。自然的努力一旦真的停止，人也就不可能還存在。無論工作、讀書，還是生活，我都盡量順應自然，這樣我擁有了良好的睡眠、飽和的精神狀態，消化也非常良好，這一切皆來自於我的辛勤工作。」

「我認識愛迪生那年他剛好十四歲，」一位朋友告訴我，「他真是個勤奮的人，他不允許自己虛度每一天。他往往讀書到深夜，他對那些情節曲折的小說和扣人心弦的西部故事表現出了厭煩，他喜歡的是機械、化學以及電學方面的書籍。他不但理論上精通它們，而且也掌握了這些實用技術。對於他來說，工作是最重要的，讀書只能是忙裡偷閒，而睡覺是不得不做的事，可以說，大量的工作加上少量的睡眠構成了他的全部生活。」

愛迪生本人的看法則更有啟迪性：「我興趣最濃的時候是在發明之前，而發明成功之後，我興趣頓失。另外，我發明絕不是為了求得金錢的回報，對別人也許是這樣，但對我則絕非如此。我最感快樂的時候是在小時候，那時我十分貧窮，只能撿些破舊的設

備和簡單的器械進行我的實驗，那時我真的感到幸福快樂。現在，我想要的一切實驗設備都已擁有，而且是最好的，我可以繼續我小時候的夢想，延續我的快樂，現在我的快樂依然來自工作的過程，而絕非經濟上的回報。」

我們得承認有些東西蘊含著永恆的智慧，無論風和日麗，還是雪雨交加，抑或是我們神情不爽、身體不適，我們都得去我們應該去的地方，做早已為我們準備好的我們應該做的工作。而只有我們工作了八到十小時，休息才會顯得特別甜美。孩子們必須於九點去上課，而且絕對不能分心去想別的事；無論何種情況帳本都要記得清晰明瞭，準確無誤；無論哪個庫倉，都要求貨物和帳本記載完全一致；無論何時，都應該以和藹可親的態度面對孩子和鄰里。不需再一一列舉，道理都是一個，那就是，無論你從事什麼行業，也無論你何時起步，你都必須辛勤肯做，不要說工作簡單乏味，也不要說不富挑戰，正因為你承受這些，你才有可能建立起成功的各種品格，諸如，一心一意、堅韌不拔、面對誘惑不為所動、嚴於律己等等，正是這些品格奠定了你今後的成功。但偏偏有些人鄙視工作，這些人多是目光短淺、見識淺薄的狂傲之人。在我看來，最讓人瞧不起的倒是那些自以為是的年輕人，我斷定他們絕不會在有人的街道上肩扛東西而過。

翻開歷史畫卷，我們會發現，在羅馬最強盛時，羅馬國王是經常工作於田間的。但是在連一般的工匠和田間辛勤工作的農夫都變成奴隸後，羅馬帝國卻衰落了。當時最開明的西塞羅這樣寫道：「手工技藝者的工作是不值得一提的，文明的工作不可能在這裡產生。」亞里斯多德也持同樣的觀點：「技術工人做的工作是非常卑微的，根本不值得稱頌，他們只是社會不發達的產物，注定是為人服務。」

雖然這些「知名人士」鄙視辛勤工作以及辛勤工作的人，但歷史是公正的，歷史的巨輪很輕易地把這些有著短見的國家碾得粉碎。

泰勒總統（John Tyler）卸任後不久，就被他的政敵選舉負責維吉尼亞州的公路。泰勒總統愉快地接受了這份工作，他並沒有感覺自己受到了汙辱。負責一條公路雖然職責不大，但泰勒總統依然恪盡職守。泰勒總統的政敵們把這看作是對他們人格的汙蔑和輕視，他們一致要求泰勒辭職。

泰勒接受這份工作時沒說什麼，但這時他卻說：「我為什麼要辭職，雖然我不拒絕任何工作，但我也不無故辭職。」

以勤奮工作而聞名的還有威靈頓公爵（Duke of Wellington），他從不允許自己懶散，對於今天應該完成的事從不拖到明天去完成，他更不會把時間花費在無聊和享受上，他只知道讀書、工作；工作、讀書。

艾利巴羅夫勛爵想在律師界求得發展，但他的處境卻對他極為不利，他沒有選擇退卻，卻知難而上。超強的工作壓力使他喘不過氣來，他咬牙挺住，為了激勵自己，他把一個激勵人奮發的座右銘貼在自己隨時可以看見的地方，這個座右銘是：不是讀書，就是挨餓。

德國人喜歡把「如果不用，我就會生鏽」的字眼鑄刻在鑰匙上，旨在警醒自己，這不能不說是一種深刻教導。

勤奮工作的人能夠點石成金

在偌大的宇宙中，只有人才會遊手好閒，才會無所事事，其他所有事物都會按著各自的規律永不停地運轉下去。左拉（Émile Édovard Charles Antoine Zola）曾說：「工作是世界上最有用、最偉大的法則，只有工作，有機事物才會向各自的目標前進。」工作就是生存的法則，無論哪個地方，一旦停止工作，那它只能退步，就會滅亡。如我們一旦不再使用我們身上的某個器官，那麼這個器官就要退化，漸而失去作用。只有我們正在使用的東西，才具有大自然賦予的活力，而那也是展現我們意志的唯一東西，養成勤奮工作的習慣無異於學會了點石成金的法術。那些做出過不凡業績的人，那些把勤奮工作當成金鑰匙的人，世界正是由於他們的工作而獲得了長足發展。無所事事、遊手好閒足以使一個人的萬丈雄心泯於無形，旺盛精力縮成一線，使人們屈從於命運的安排，成為時間的奴隸。

在埃米爾·左拉的小說裡，有兩個洗衣女工的一段對話很有意思，這兩個女工同是巴黎一家洗衣店女工。一天她們談論的話題是假如擁有一萬法朗的話，她們準備怎樣。這兩個女工的回答驚人地一致，那就是什麼也不做了，回家待著。這不能不叫人悲嘆，這也許是她們永遠是洗衣工的原因吧！

卡萊爾（Thomas Carlyle）認為：工作是有著莫大神聖性的，而且這種神聖性無以言表。他說：「工作著的人是最有幸福感的，因為他已經找到了能令自己和別人快樂的方法，他會一直堅持做下去。這就像一條從苦澀貧瘠開鑿出的一條運河，不顧前方有多少險阻，它都會堅定不移地向前奔流，盪盡草根底的苦鹹的鹽鹼水，把蚊蟲肆虐的沼澤地還原成碧草青青的綠地。我始終把工作看成我的全部生活，工作中的知識才算真正的知識，才算有價值的知識，其餘的知識都不算真正有價值的知識。」

「那些早上七點起床的人是會獲得上帝青睞的。」華特·司各特（Walter Scott）寫

道，「如果我早上七點還賴在床上，那我將會一事無成。正由於我養成了早起的習慣，我才得以有時間寫我的文章。」司各特的朋友們對於司各特能做出那麼多成績表現出了極大興趣，其實，他們不曾想到，他們還在甜美地做著夢的時候，司各特正在筆耕不輟。

工作可以產生許多奇蹟，它可以擦亮人的眼睛，強健人的肌體，增添面頰的紅潤；它還可以使頭腦更敏銳，使思想更集中，使腳步更矯健。工作可以奇蹟般地治癒多種身心疾病，工作的人才是最健康的人。

工作在三個方面使我們受益：一是使我們得以有價值地生存於這個世界上；二是能使我們的夢想成真；三是幫助我們成為自己心靈深處的藝術家，所以說勤勉工作最能展現人生價值，勤勉工作的人最幸福。

拉斯金（John Ruskin）把一個年輕人有沒有前途、有沒有出息的衡量標準總結為一句話，那就是：他努力工作嗎？這是個前提條件，如果連這一點都做不到，那其他一切免談。

天才源於勤奮

「天才就是指能夠做到全心全意都投入到工作中的人，僅此而已。」這是英國畫家雷諾茲（Frances Reynolds）對天才的理解。「天才努力工作嗎？」這是拉斯金（John Ruskin）在聽到年輕人嘖嘖讚嘆天才時而經常問年輕人的一句話。羅斯金特別強調「努力工作」與「敷衍行事」之間的重大差別。事實上，對「天才」含義曲解的人中，多半不會把天才取得的成功歸結於他們的辛勤工作。

現在有一種觀點很流行，那就是努力工作與出色能力是互相矛盾的，天才是不需要辛勤與苦幹的。這是個極為愚蠢的想法，但是正是這種愚蠢的思想卻使許多可以開創出一番事業的人最終平平庸庸過一生。好多年輕人認為，天才天生就是能夠做出一番壯舉的人，根本不需要付出多大的努力。因此，他們只要認為自己天生智慧超群，就會在周圍的人中擺出一副鶴立雞群的樣子，就拒絕努力，幻想有朝一日，自己只要想要出人頭地，那時稍作努力，便可功成名就。有時，他們為生活所迫，不得已努力了一次，但只要境況有所改善，他們就會重新幻想起來，不再努力工作。他們認為，天才天生就不被那些「陳規陋習」所限制，因此，他們表現出對所有規則和法則的深惡痛絕，他們看不

起辛勤勞動的人，他們自認高人一等。他們認為只要願意，他們隨時都可以成為偉人。

偶爾寫出了一篇文詞優美、構思巧妙的文章，畫了一幅給人美感的圖畫，作了一次非常精彩感人的演講，或者是做了一次漂亮的買賣，人們都會對此津津樂道，只要他不犯下什麼大錯，人們漸漸會把他渲染成一個天才，而他自己也漸漸覺得自己的確是個天才，他的雄心更加高昂，他相信自己一定能夠在一個適宜的時機下，一躍成為有著重大影響的人物。他失去了對辛勤工作的耐心，也失去了正確對待事情的態度，他焦急地等著能夠展現他天賦的機會。

試想一下，如果艾略特不付出長年累月辛勤努力，熟思深練，那她的名作《亞當·比德》何以能夠面世。德國詩人席勒說自己「辛勤一生，令自己滿意的作品卻沒有。」義大利詩人但丁說他在創作《神曲》時，每日都能感覺到自己在漸漸消瘦。

英國小說家特羅洛普（Anthony Trollope）說：「如果把寫作的出發點訂為賺錢而非責任，那麼即便他是個極有寫作天賦的人，並強迫自己每天寫出兩千字，那他也斷不會寫出一部有影響的作品。」有一段話對特羅洛普的寫作有著很大的影響，後來特羅洛普把這段話轉給了羅伯特·布坎南。這段話是這樣的：「如果你想寫出有影響的作品，那你必須在你坐下來寫作前在你的椅子上塗上鞋匠用的黏膠，這樣你才能夠達到心願。」

我也是個勤奮的人，我工作起來是不分白天黑夜的，常常夜以繼日地工作，有時甚至連吃飯和睡覺的時間都沒有，我知道，在有些人眼裡，這種生活方式是不堪忍受的，但是要知道，要想做出一番成績，這些付出卻是必不可少的。我是個對寫作充滿熱情的人，我可以連續寫上十幾個小時不停筆，我也承認這樣的工作的確枯燥乏味，但也並非完全如此。就拿我來說，寫作可以讓我的精神獲得滿足，寫作能力得以最大程度的發揮。另外，正因為我全心全意地投入到此項工作中，我才會取得不凡的成績。欲從事寫作的人一定要有這個認知，寫作是個苦差事，要有坐十年冷板凳的精神，要充分認知到成功來自於一次次失敗後的不懈努力、辛勤耕耘。

「偉大作品的產生離不開靈感，但要實現靈感到作品的轉化則只能依靠辛勤的工作。」法國道德學家儒貝爾（Joseph Joubert）如是說。

一位雖富有才華、但不肯腳踏實地工作的畫家指著一幅名作嚷道：「如果我能夠把我的夢想畫到畫布上，它同樣會是一幅名作。」「好啦！不要再作這種白日夢了，名畫不是用嘴說出來的，它需要長期艱苦磨練。」他的老師大聲回敬了他。

德國作家歌德說：「要想成為如拉斐爾一樣的大家，只有勤學苦練、堅持不懈才有可能。那些稍取得成績便沾沾自喜，而停止奮鬥的人要想成名，簡直是痴心妄想。」

第一章　工作是生活需求

「要想取得成功，就只有付出艱辛的努力，除此以外，沒有別的途徑。」這是英籍荷蘭著名畫家阿爾瑪．埃德馬總結出來的成功理論。

牛頓是這樣看待勤奮的：「如果硬要說我對人類有所貢獻的話，那麼，這些成績的取得主要來自於我的勤奮工作和深入思考。」

各個領域的傑出人士所取得的榮譽、名氣以及地位，均是他們犧牲自己的寶貴時間和辛勤工作的結果。他們中一些人經歷了無數次失敗的打擊，體驗了種種傷感情緒，終於迎來了成功。那些作家、詩人、政治家、音樂家，以及其他各界的卓越人物，無不是經過了自身的艱苦努力，十年磨一劍，才有了一次又一次的輝煌。

我強調天才源於勤奮，並不等於說，沒有一點點天賦或者缺乏必要的基礎，僅僅依靠勤奮就可以成為天才，這是不能完全等同的。但是，它不是說只有很好天賦或者基礎很好的人才有可能取得成功，那些智力平常的人，只要掌握了正確的學習方法、必要的技巧，再加上辛勤的努力，也同樣能夠取得成功。

實際上，天賦遠沒有準確的判斷和執著的精神更重要。事實證明，那些靠天賦取得的成績，完全可以透過勤奮獲得，但那些靠勤奮取得的成績靠天賦就未必能夠獲取，靠些小聰明、投機取巧想要獲取成功，則更是不可能。英國歷史學家克拉倫登說：「世上還沒有一門靠認真鑽研、刻苦學習而無法掌握的學科。」

一位學者說：「與那些反反覆覆、不肯下苦功鑽研的天才人物相比，那些普普通通，卻肯埋頭苦幹、堅持不懈的人更值得稱頌。」

約瑟夫．庫克（Joseph Cook）說：「稍有些天賦又肯辛勤鑽研的普通人，往往能夠比天才取得更多、更大的成績。」天賦如果失去了準確的判斷力、周密的邏輯分析能力、必要的基礎和辛勤工作的支持，那它就不會發揮出它應有的作用。生活中不是有很多天資聰明卻懶於奮鬥，只圖享受，最終一生碌碌無為、平平庸庸的天才嗎？年輕人要記住，勤能補拙，一分汗水一分收穫。

在許多老師眼裡，那些聰明的學生才最有可能成為最有出息的人，而那些深負老師厚望的聰明學生也常常覺得高人一等，對那些整天埋頭苦學的同學不屑一顧。許多年後，這些聰明學生大多失去了往日的自鳴得意，因為他們的境況不允許他們還持有上學時的優越感，相反，那些勤奮學習的學生如今卻個個取得了不菲的成績。造成這種差別的主要原因就是聰明學生不肯付出辛勤的勞動，依靠耍些小聰明而夢想成功，結果自然會落敗，而些資質平常的人，依靠自身的勤奮，一步一個腳印，堅持不懈終於迎來了成功。

「有一種生活態度，為那些虛度光陰、見識淺薄和自鳴不凡的人所擯棄。」雷諾茲

說，「但我卻是它的堅定信徒，這種態度就是：如果你有很好的天賦，勤奮會讓它綻放出熠熠光彩；如果你資智平庸，勤奮也定會彌補不足，讓它也綻放異彩；如果目標適宜，方法得當，勤奮定會讓你心想事成，總之，只要有了勤奮，你就有了一切。」

無論你有多羨慕那些英雄人物，也無論你有多嫉妒他們的卓越才能，你都不要忘記，一腔熱血和豐富的想像力並不能使你成為莎士比亞。只有勤奮學習和認真鑽研才能使你的夢想成為現實，正像莎士比亞所說的：「你所要渴求的應是堅強的意志，而不是天賦。」

工作是生活的需求

有一個古希臘人心腸很好，他見到蜜蜂一朵花一朵花採粉釀蜜非常辛苦，就想幫助蜜蜂一下，他費了半天工夫採來了各種花，然後捉來蜜蜂，並把蜜蜂的翅膀剪掉，放在花上，但是蜜蜂最終也沒釀出一點蜜來，原因在於這種作法違反了自然界法則。一朵花一朵花辛苦採粉釀蜜是蜜蜂工作的自然法則。

「人一生於世，做事就要以全部身心之力。」拉斯金如是說。

菲利普斯．布魯克斯是這樣看待生活的：「生活在一個人眼中就是他知道自己該做些什麼。」不要誤解菲利普斯・布魯克斯的意思，他的意思並不是說：只有工作到身心疲憊，品嘗了酸甜苦辣才叫生活。

工作是生活的需求

工作是能夠讓人體會到快樂的，即使是那種最讓人感到卑微的工作，也會如此。生活中，每個人都免不了受一些不良情緒的侵擾，諸如，自卑、失望、痛苦等等，但如果能在那時把精力都集中於工作上，這些不良情緒的侵擾就會減輕，甚至消失。在工作中，人會變得堅強起來，這種精神不但可以激勵自己，而且還可以感染、溫暖周圍的人。

「有一條生活準則是每個人必須遵守的，」英國哲學家約翰・彌爾 (John Stuart Mill) 說，「不管是最有成就的道德家，還是最為平凡的普通人，都無一例外要遵守這一生活準則。這條生活準則就是：在進行了各種嘗試後，每個人都找到適合自己的工作，然後就要集中精力全心全意投入到工作中去。」

每一個有勞動能力的人都應該恪盡職守辛勤工作，生活的大門是不會為那些遊手好閒、無所事事的人開放的，要想生活品質高，就必須要工作。

如果一個人能夠全力以赴地去工作，那麼即便他智力不高，水準一般，也同樣可以取得一番成績。儘管他先前也許不那麼令人喜歡，但也會因此獲得人們的好感。

有一句話說得很好，獎勵不是比賽的最終目的，參與才是最重要的。

奧林匹克運動賽的優勝者會獲得一個漂亮的花環，這種精神獎勵遠要比運動員獲得的物質獎勵貴重得多，它會使運動員的精神獲得極大的滿足。工作對於我們來說有同樣的效果，不管我們的工作有多體面，薪酬有多豐厚，但與我們在工作中獲得的快樂和滿足相比都是微不足道的，那份快樂和滿足才最讓人回味。

愛默生說：「回報是緊跟著勤奮工作後面的。」「人們往往把在生活中應盡的職責當成一件單調至極的事。」詩人朗費羅說，「但是它發揮至關重要的作用，它的作用猶如鐘錶的發條一樣，只有發條正常工作，鐘擺才能夠來回擺動，指針也才能指示正確時間，一旦發條停止工作，時鐘也就失去了它應有的價值。」

英國政界要人布魯厄姆勛爵（Henry Peter Brougham）認為，努力工作對一個人的健康生活非常重要，不但可以讓人保持健康的心靈，而且還可以強健身體。他說，當他晚上回想一天的生活時，如果發現自己一天都沒有好好工作，就非常懊悔，他認為這是在浪費生命。

工作可以塑造一個人的形象，可以使你的身體更強健，精神更高昂；工作可以使你的思維更敏捷，邏輯更嚴密；工作還可以喚醒你沉睡內心的強大創造力，激發你的創業熱情，總之，工作將使你學有所成，有所創造，在工作中，你的尊嚴和偉大之處將會顯現，你才會成為一個受人敬重的人。

你當然可以把你的萬貫家財留給你的兒子，但這又有什麼意義呢？你不可能做到把你的經驗、知識、閱歷隨著這萬貫家財一同傳給他；也不可能把你取得成功時的快樂、滿足和克服困難時的體驗傳給他；你更不可能把你把才能轉為財富的方法、技巧強輸給他，萬貫家財雖然很有誘惑，但這些品格要遠比這些萬貫家財要有用得多。你在累積這些巨額財富中，鍛鍊了意志，增長了見識，也增加了才幹，因此，財富對於你來說，是見識、是才幹、是經驗、是教訓、是意志，而對你的兒子來說，財富則是誘惑，可能會磨損他的意志，降低他的人格。財富在你手中，你能把它變成一座更大的金礦，而在你兒子手中，則有可能是個大包袱。財富可以激勵你積極進取、奮力打拚，但財富卻可能讓你的兒子好逸惡勞、遊手好閒、恣意享樂。所以你把萬貫家財留給你的兒子的同時，有可能把一些優良品格從他身上取走了，而這些優良品格才是你真正應該讓你兒子擁有的。

你天真地以為，你的後人會在你犧牲自己成全他的基礎上繼續奮勇前進，創造更為美好的明天，豈不知，這只是你一廂情願的想法，你給予他的並不是最好的基礎、最佳的機會，而是一個容他墮落的廣闊空間。你把他的受教育的機會、完善自我的機會以及

工作的機會完全剝奪了。失去了這些寶貴的東西，任何一個人都不會得到真正的快樂，優良的品格也無從建立起來，最終定會墮落成一個不思進取、只知享樂的紈絝子弟。其實，在教育孩子時，最重要的是告誡孩子要養成勤奮工作的習慣，這才對他最為重要。

運動員要想取得好成績，只有勤學苦練，正所謂「養兵千日，用兵一時」，如果軍隊平時不勤學苦練，那麼一旦戰爭來臨，士兵和指揮員都驚慌失措，豈能不打敗仗，生活中也同樣如此。

迪恩．法拉說：「工作是一份人人都享有的權利，它可以醫治心靈創傷和精神疾病。自然界中下列現象經常見到：一潭不流動的水不久就會變臭，而一支細小的流動溪流卻清澈見底。如果缺少了風雨雷電、陰晴圓缺，世界就未免顯得太單調。如果一個地方長年四季如春、溫度適宜，人們工作舒心，生活得舒服愜意，那麼長久下去，人必定會覺得生活乏味，漸而心生厭倦。相反，那些整日東奔西走、努力工作、堅持奮鬥的人卻精神出奇地好，他們的潛力得到最大程度的發揮，他們自己也感到快樂。」

金斯利說：「不管你願不願意，很多時候，在每天早晨醒來後，你都要強迫自己起來，開始一天的工作，並要努力做好，而那些賴在床上不起的懶漢，將無疑會失去這次鍛鍊的機會。」

我們人類得以繁衍生息，除了依靠勤奮工作外，別無它途。勤奮工作讓貧窮的人開始了嶄新的生活，使千百萬人看到了生活希望，特別是那些精神不正常企圖自殺的人，也由此重新踏上了生活之路。

「是工作挽救了我。」馬齊奧教授說，「我曾經陷入沮喪的境地難以自拔，每一次都是長期養成的工作習慣把我解救出來。即使我對生活充滿了絕望，我也能夠保證不會倒下，在我看來，學術研究工作本身就充滿了樂趣，因此，在解決政治、社會、宗教方面問題時，即使累得我筋疲力盡，我也樂在其中。」

古希臘醫生加龍把勞動比喻成人體的天然保健醫生。

「勤奮工作是修復人體創傷的最佳良藥。」美國小說家馬修斯說，「無論是生理疾病，還是心理疾病，都可以透過勤奮工作得到補償。但是，人們只把關注的目光投向那些熱門的行業和要職，而不願意再投身於那些磨練身心的艱苦工作。實際上，艱苦的工作是最好的對付倦怠、憂鬱、懶散、萎靡的武器，是啊，沒有一個勤奮工作、精力旺盛的人整日帶著懶散、愁苦的面容。士氣旺盛、渴望投身戰場的士兵是無視於一個小傷口存在的。優秀的演說家也絕不會因為身上的小小毛病而影響他出色的演說。這是因為，當你的精神高度集中於一點時，其他不良情緒就很難侵襲你，相反地，那些懶散、心靈

空虛的人，因為其精神倦怠，那些自卑、空虛、憂傷、絕望等等負面情緒就會趁機而入，占據空虛的心靈，整個人也就隨之消沉下去。」

俾斯麥更是把勤奮工作看成是一個人的生活保護神，他用了工作兩個字，高度概括了生活準則的核心。他說，人如果不工作，就會變得空虛、消沉，生命也就毫無樂趣可言，他送了三個詞給剛剛踏入生活門檻的年輕人，這三個詞是：工作！工作！工作！「勞動永遠是一切美的源泉。」卡萊爾說，「沒有辛勤的勞動，一切創造都是空中樓閣，一切的夢想都是海市蜃樓。懶散、倦怠、遊手好閒，就像傳染病一樣很快會蔓延開來，使人類的靈魂無以依託。」

一位智者說：「人類所有的疾病，無論是生理上的，還是心理上的，都可以透過勤奮工作來醫治。勤奮工作的人，心中充滿希望，不會茫然，而那些遊手好閒、無所事事的人缺乏生活熱情，他們內心只會有空虛和絕望。」

「腦力勞動也好，體力勞動也好，都是十分光榮和神聖的，其品性要高於天，寬於地。」

「世上只有兩種人讓我欽佩，一種人是那些默默無聞，只知埋頭苦幹的勞動者。他們日復一日，年復一年地親力親為，不辭勞苦，在令人感動的工作中，他們的尊嚴得到了展現，特別是那些從事重體力的勞動者，更叫人佩服。另一種叫我欽佩的人是那些為人類創造精神財富而不懈追求的人。他們的工作雖然沒有直接給人類帶來物質財富，但卻提升了生命的品格。我只欽佩這兩種人，這兩種人用他們的勞動換來了自己內心的滿足和愉悅，除了這兩種人，其他人都是對社會毫無意義的人。」

在工作中發展自己的才能

剛剛走出校門的青年在步入社會時都希望能夠擁有一份收入可觀受人尊敬的工作，卻極少考慮工作本身所給予他們的報酬。在此我要奉勸他們：不要太在乎薪水的多少，而要注重發展你們的技能，學習成功的經驗，使你們的人格得到最大限度的昇華，這才是工作的真正目的。

一份有益的工作能夠使人豐富思想、增進智慧。我們只有在工作中訓練自己的人格品性，在企業中學習生活的經驗，才能逐步走向成熟，去為人類創造更多的財富，實現自己的人生價值。

如果一個人在工作中從未有過高尚的目標，只是為薪水而工作，那麼最終受害的還

是他自己。而這種傷害也是日後無法彌補的，即使奮起直追，也不可能趕上午夜的末班車。

一個人的品格會在工作中有所展現，如果他的薪水微薄，工作卻認認真真、兢兢業業，那麼他終會有成功之日，如果他的薪水豐厚，但工作馬馬虎虎、拖拖拉拉，那麼最終他會一事無成。

在工作中，你可以因為雇主支付微薄的薪水而草草做事，但是在工作中獲得的珍貴經驗、嚴格的訓練、才能的展露和品格的建立卻是比金錢更貴重的財富，這些都是你用金錢買不到的，所以你要珍惜工作本身所賦予你的報酬，不要只在乎雇主給你的薪水高低。

如果換一種思維方式，這個道理也許會更淺顯易懂，雇主要根據員工的業績做出晉升的決定，而身為員工，如果你工作踏實、恪盡職守，而且始終如一，那麼你會在最短的時間得到晉升的機會，哪一個管理者不願得到一個能幹的員工呢？

然而，如果一個普通的員工忽然被提升到重要的職位上，似乎有些不可思議，但仔細想來，那個員工原來在工作中就勤奮努力，盡職盡責，獲得了豐富的經驗，所以他忽然被晉升也在情理之中。

現在有許多年輕人選擇工作時只考慮薪水的高低，所以他們接二連三地放棄了薪水微薄的好工作，殊不知，他們放棄的卻是比薪水更重要、更寶貴的財富，但他們還渾然不覺，這真令人可嘆！

他們這樣做並不是放棄工作、放棄財富，而是在埋沒自己的才能，他們在不知不覺中摧毀了自己的創造力和發明的才能，也截斷了自己成就偉大事業的成功之路，他們將自己的潛能扼殺在了萌芽之中，他們的生命從此失去了活力，希望渺茫，平凡地了此一生，這難道不可悲嗎？

對於自己現在的工作，我們要端正態度，客觀對待。我們工作不是為了別人或得到某種物質上的滿足，我們是為自己而工作，為立足於社會而工作，當然，薪水固然要多賺一些，可是我們的目標卻是成就偉大的事業，我們透過工作中的親身經歷獲得大量的知識和經驗，這些才是我們在工作中得到的最有價值的報酬，也是我們工作的目的所在。

一個人在工作中要提升工作效率，那麼他就要不失時機地運用自己的機智、發揮自己的才能和創造力出色地完成現有的工作。只有這樣，他才能在工作中不斷進步，以積極的心態去做一切事情，也只有這樣，他才能成為雇主眼中的新星，得到特別的關注，

從而獲得足夠的發展空間。

我們身邊有許多人都是為了薪水而工作，為了生存而工作，但他們卻忽視了比生存更重要的人生經驗，如果我們工作僅僅是為了生存，那麼我們的生命價值何在？人生價值又何在呢？我們要盡可能地在工作中激發自己的潛能，並讓它得到最大限度的發展，這樣才能成就自己的事業，推動人類文明的車輪向前滾動。

工作品質是最有說服力的廣告

在紐約州一個偏僻的小村莊裡，一個木匠找到鐵匠戴維．梅多爾，並對他說：「我們有六個人在這裡工作，可是我的鐵鎚忘記帶了，你能為我做一柄最完美的鐵鎚嗎？」「我能做得出最好的鐵鎚嗎？」鐵匠梅多爾有些不自信，「如果我的鐵鎚是最完美的，你會出那麼高的價錢嗎？」「當然」，木匠說，「我需要一柄最完美的鐵鎚。」

幾天後木匠拿到的鐵鎚果然是最完美的，錘頭的孔比一般的鐵鎚長得多，錘柄能夠深深楔入孔裡，經過這樣的改進，在使用時，錘頭不會因用力過猛而脫柄飛出。木匠非常滿意，高價買下鐵鎚並向同伴們炫耀自己的新工具。

第二天，木匠的同伴們都來到鐵匠鋪，他們要求鐵匠為他們訂製一柄與木匠的鐵鎚一模一樣的錘子，於是鐵匠夜以繼日地辛苦工作將鐵鎚全部做好了，這些好鐵鎚又被他們的工頭看到了，於是，工頭又去鐵匠鋪訂做鐵鎚，而且要求比前面的都好，鐵匠梅多爾說：「先生，很抱歉，我只能盡力而為了，我在做任何事時，都會竭盡全力把它做好，我不會在意主顧是誰。我會讓您滿意的。」

看到梅多爾的鐵鎚銷路這麼好，一個五金店的老闆看到了商機，於是他找梅多爾訂做了兩打。自從梅多爾做鐵匠以來，從未接過麼大的訂單。不久紐約的一個商人來村莊賣他的商品，看到五金店老闆已經訂製好的鐵鎚，十分驚訝，立即付了高價把它們買走了，還留下了一張長期定單。照這樣的工藝標準做下去，梅多爾用不了多久就能過上富裕的生活了，但在此後漫長的工作過程中，他還在不斷改進工藝，以求精益求精。現在那些鐵鎚只要刻上「梅多爾」幾個字，就表明它的品質已達到了優秀產品的品質了。

對於任何一種商品來說，最好的廣告就是品質、性能都出眾。

第一章　工作是生活需求

第二章　積極工作的祕訣

工作的靈魂是恪守時間

約會如婚姻般神聖不可褻瀆。一個不守約的人，除非有充分的理由，否則他就是個十足的騙子。他周圍的整個世界會像對待騙子那樣對待他。

有一次，拿破崙請元帥與他共進晚餐，但是他們卻沒有在約定的時間到達，於是拿破崙便旁若無人地先吃起來。他吃完後剛剛站起來時，那些元帥們才趕到這裡。拿破崙說：「先生們，現在已經過了晚餐時間，我們該去做下一步工作了。」

賀拉斯．格里利（Horace Greeley）曾經說：「一個人如果根本不在乎別人的時間，那麼，這跟偷別人的錢有什麼兩樣呢？浪費別人的一小時跟偷走別人的五美元有什麼不同呢？況且，有許多人工作一小時的薪水要比五美元多得多。」

約翰．昆西．亞當斯（John Quincy Adams）也是守時的典範。在議院開會時，看到亞當斯先生入座了，主持人就知道該向大家宣布各就各位，會議開始。有一次，主持人在宣布就位時，有人說：「時間還沒到，因為亞當斯先生還沒有來呢。」結果發現是議會的鐘快了三分鐘，三分鐘後，亞當斯先生準時到達了。

華盛頓總統每天下午四點鐘吃飯，有時候應邀到白宮吃飯的國會新成員會遲到。於是，華盛頓就自顧自地吃飯而不理睬他們，這令他們感到很尷尬。華盛頓常說：「我的錶只問時間到沒到，從來不問客人有沒有到。」一次華盛頓的祕書遲到了，並藉口說自己的錶慢了。而華盛頓卻說：「或者你換隻新錶，或者我換個新祕書。」

韋伯斯特（Daniel Webster）在上學時就從不遲到，在國會、法庭和社會公共事務中也同樣守時。在日理萬機的繁忙工作中，賀拉斯．格里利每次都會準時赴約。《紐約論壇報》（*New-York Tribune*）上許多睿智犀利的文章都是他在其他編輯悠閒地等著和別人一起消遣，或會議遲遲沒有開始時完成的。

對於總是為遲到找託辭的傭人，富蘭克林說：「我發現，擅長找託辭的人通常在其他方面都不擅長。」

工作的靈魂和精髓是恪守時間，同時它也是明智和信用的代表。

在從事商業生涯的最初七年裡，著名商人阿蒙斯．勞倫斯從不允許任何一張單據到星期天還沒有被處理。商業界的人士都懂得，商業活動中某些重大時刻會決定以後幾年的業務發展狀況。如果你晚了幾個小時到達銀行，那麼票據就可能被拒收，而你借貸的信用就會蕩然無存。據說，守時還代表了彬彬有禮、溫文爾雅的皇家風範。有些人給你的印象總是急匆匆的，好像他們總是在趕一列馬上就要啟動的火車，而且他們在完成工

作時也手忙腳亂，這是因為他們沒有掌握適當的做事方法，所以很難會有卓越的成就。

在學校裡，總是有鈴聲催你起床，告訴你什麼時間該去晨讀或者上課，教你養成遵守時間、從不拖延的習慣。這是學校生活的最大優點。每個年輕人都應該有一隻隨時看時間的錶，提醒改掉事事習慣差不多的缺點，這一缺點從長遠來看更是得不償失。

布朗先生說：「我發現，我可以信賴那個任何事情都按時完成的年輕人，並且我很快就會讓他來處理越來越重要的事情。」累積成功資本的第一步往往是擁有辦事一貫準時、從不拖延的好名聲。有了這第一步，成功自然會招手即來。

做事守時是贏得人們信任的前提，會給人帶來美好的名聲。它表明我們的生活和工作是按部就班、有條不紊的，使別人可以相信我們能出色地完成手中的事情。遵守時間的人是可靠和值得信賴的，原因就在於，他們從不失言或違約。

一個人停下來聽了五分鐘的閒話，他坐車或乘船旅行的計畫就會因為晚了一分鐘而破滅。一家在本行業遙遙領先、資金雄厚的公司破產了，原因就在於代理機構在得到命令後沒有把必要的資金及時轉移過來。火車司機的錶慢一點就會引發嚴重的撞車事件。一個無辜的人被處死，僅僅因為帶來赦免命令的信差晚到了五分鐘。

像拿破崙一樣能夠當機立斷地抓住關鍵事物，丟開瑣碎顧慮的人注定會成功。

當聽到薩姆特爾被攻陷的消息時，格蘭特將軍立即決定收編敵人的軍隊。巴克納派人把休戰旗送到多耐爾遜，並要求商議投降條件和時間，這時，格蘭特將軍脫口而出：「除了立即無條件投降，我們不接受任何其他條件。我提議馬上開始著手你們的工作。」客觀條件使巴克納不得不接受格蘭特提出的苛刻而毫無通融的條件。

把握不好關鍵的五分鐘，會使許多人在渾渾噩噩中最終一事無成。失敗者的墓碑上字裡行間都流露著這樣的遺憾：「太晚了」。勝利與潰逃、成功與失敗轉手易人往往只是幾分鐘的事，而結局卻大不相同。

做工作不能消極拖沓

有一位著名作家曾經感言道：「床是個讓人又愛又恨的東西。」在我們晚上上床睡覺之前，只要想到沒有完成的工作，就覺得時間還早，不該睡覺。但是，我們早上同樣不願意早起床。我們每天都下決心第二天早上一定要早起，但是，我們仍舊賴床。」

可是，許多傑出人物都習慣早起。阿佛烈大帝在拂曉前起床；哥倫布在清晨的幾小時計劃尋找新大陸的航線；拿破崙在清晨考慮最重要的策略部署；彼得大帝總是天一

亮就起床，他說：「我要使自己的生命盡可能地延長，所以就要盡可能地縮短睡覺的時間。」；詩人布賴思特五點鐘起床；歷史學家班克羅夫特天亮起床。我們熟知的很多重要作家都習慣早起。古代和現代的許多天文學家也都習慣早起。另外，有早起習慣的還有克萊、卡爾霍恩、華盛頓、韋伯斯特、傑佛遜等政界要人。

華特·司各特取得眾多成就的祕訣就是守時。他曾經說過，他早上五點起床，到早餐時，他已完成了一天當中最重要的工作。一位渴望獲得輝煌成就的年輕人寫信向他求教，他在回信中寫道：「一定要警惕那種使你不能按時完成工作的習慣，也就是拖延懶惰的習慣。要做工作就立即去做，完成工作後再去消遣，千萬不要在完成工作之前先去娛樂。」

丹尼爾·韋伯斯特經常在早餐前寫二十到三十封回信。

早起的習慣是所有生活習慣中最有價值的好習慣。對於一般人來說，一天睡眠七個小時已不少了，八個小時就足夠了。如果這個人身體健康，那麼他在床上躺八個小時後，就應立即起床，穿戴整齊，投入一天的工作了。

美國聯邦主義的倡導者漢彌爾頓曾經說：「上帝在造人時就為人規定了一定的工作量，同時還賦予了人支配時間的能力。這樣，如果他們準時開始工作，並且一直勤懇努力，持之以恆，那麼最終時間剛好與工作量一致。但是，我的一些朋友卻遭遇了一種特別的不幸，他們的一部分時間無緣無故地丟失了。他們不知道，時間是怎麼丟失的，但是他們十分清楚地知道時間的確少了。正如本來有兩條線段，但其中一條比另一條短了一英寸。工作和時間是相匹配的，但是時間總是比工作少了十分鐘。他們到達港口時正好看到輪船起航；他們趕到火車站時火車剛剛開走；他們去郵局寄信時郵局的大門剛剛關閉。他們沒有瀆職，也沒有違反承諾，但是做任何事情都剛好晚那麼幾分鐘，也正是因為錯過這短短幾分鐘，他們竟一事無成。」

不要無謂浪費你的精力和體力

那些立志成功的人總是嚴格要求自己，他們認為自己有過人的才華和超群的意志與思想，必定能在激烈的社會競爭中成為勝利者，所以他們時時激勵自己，鞭策自己，為日後成功做準備。他們十分注意自己的身體健康，從不間斷體育運動，準備以強健的體魄迎接來日激烈的社會競爭。

運動員整日為榮譽而奮鬥。吃苦耐勞、持之以恆是身為運動員必備的品格。他們在各個方面嚴格要求自己，一年四季不管颳風下雨，不管嚴寒酷暑，都要振奮精神以飽滿

的熱情投入到艱苦而單調乏味的訓練中去。他們竭力克制自己，在日常生活中必須遵守規則，不吸菸不喝酒，不吃對自己身體有害的食物，這些都是為了使自己精力充沛、生機勃勃、忍耐力持久，他們的睡眠、進食和訓練都有嚴格的規定。運動員每日辛苦的訓練只是為了有朝一日踏上世界賽場，站在冠軍的領獎臺上，那短短幾十分鐘，甚至幾秒鐘的比賽決定著他們一生的榮辱成敗。

有許多人不理解運動員的辛苦，他們認為運動員每天早睡早起，弄得疲憊不堪，到頭來僅僅是為了爭取那幾分鐘的勝利，太不值得了。但是他們不知道身為運動員，榮譽就是他們的生命，是他們人生價值的完美展現。

同樣也有許多人不理解那些專門研究學術的專家們，不知道他們為什麼長年累月地研究高深的數學、歷史以及文學。殊不知沒有那些專家們的奉獻，人類文明的進程又怎麼會向前發展呢？

當激烈的競爭來臨時，那些最刻苦、準備最充分的人便脫穎而出了，他們如願地拿到了代表著榮譽的勝利獎盃。這時，那些失敗者才突然覺醒，後悔自己沒有恆心和毅力，堅持持久的訓練和學習。

那些渴望成功的人都費盡心思地去尋找成功的捷徑，他們總結了前人的成功經驗，最後得出一個結論：只有合理有效地利用自己的才智、體力和精力，才是走向成功的捷徑。

把精力全部傾注到事業上，這是很多立志成功的人都明白的道理。但是，無論多麼細心的人仍然會在不知不覺中將一部分精力浪費在了毫無意義的事情上。這就像平時人們用水一樣，浪費水的情形總是發生在不經意的時候。世界上有無數人在不經意間耗費著自己的精力，而對於身體、這個成功的另一個資本，他們也不太在意，無形中他們的身體已經成了一臺生鏽的機床。他們耗費精力的方法多種多樣，發怒、煩躁、憂愁、沮喪、煩惱等這些不良心理與其他的不良習慣相比，對生命的危害更嚴重。

一個聰明人懂得將昨天儲蓄的體力精力花在什麼地方最有效。但是許多人都不明白這個道理，他們總是將昨天儲存的體力和精力，今天就花個精光，長此以往，他們還能夠成就輝煌的偉業嗎？

許多年輕人因為閱歷淺薄對世事知之甚少，所以他們不懂得積蓄體力和精力的重要性，他們不保養自己的軀體，把健康這筆成功的資本拋到廣闊的太平洋裡去了。等到成功離他們遠去時，他們才幡然悔悟，而此時，無論多麼遠大的志向也已經成了美麗的肥皂泡了。

第二章　積極工作的祕訣

一些人還不到三十歲，但他們給人的感覺卻像年愈古稀的老人，他們最初也有充沛的精力和體力，但是他們不懂得合理使用這些人生的巨額財富，所以，還不到中年，他們就已經將這筆巨額資本揮霍一空了，成了身無分文的乞丐了。

有種人最初具有超乎尋常的領導才能，還有健康的體魄和對人生對事業的美好憧憬，他們樂觀向上，積極進取，似乎前途無可限量，但是，他們在不經意間遭遇了成功的敵人洗劫了他們那儲存體力精力的保險箱，從此他們的情形每況愈下，昔日那震懾一切的神祕力量已消失得無影無蹤了，高貴的自尊也蕩然無存了，多年來辛苦造就的血肉之軀現在也已成了世間的行屍走肉了。

沒有堅定自信的人，人們必然不會信任他。當他頻繁地更換職業時，他的命運就已經注定失敗了。他從前活力四射、健康向上、前程似錦的模樣，現在已經被精神萎靡、身體羸弱所代替。對於那期待已久的的成功之巔，他們只能望洋興嘆了。一個不到三十歲的人就已疲憊不堪了，不是太可惜了嗎？

你必須警惕暴躁易怒、凡事多疑、過度敏感、逢挫折易悲觀、逢困難易煩躁、稍不如意就暴跳如雷等不良習慣和不良心理，因為失敗正悄悄占據你的心靈，正在汲取你為成功積蓄的力量，把你推向成功的逆車道。

不要無謂浪費你的精力和體力

你要竭盡全力去尋找成功的敵人，而且還要千方百計地把它從你的身體上驅逐出去，你要明白，過度地吸菸飲酒會讓你喪失生氣、無精打采，你還要明白，過度地娛樂，會耗費你大量的體力精力，降低你讀書和工作的效率，還可能導致你睡眠不足、身心疲憊，終日在渾渾噩噩中碌碌無為。

清早起床，如果滿腹牢騷、煩惱不斷，到了傍晚，依舊無精打采、面容憔悴，那麼種種跡象已經表明你的身體一定患病了，因為有時精神上的不良表現預示著你的體內已經出現了病灶的萌芽。此時，你一定要鎮定地思考，找到產生病灶的部位，否則你會被拖入黑暗的幽谷，再也不會快樂了。

人的身體就猶如一部高速運轉的機器，如果毫無規律地胡亂使用，那麼勢必會過度磨損幫你不斷進步、獲得成功的身體機器，使它在精力旺盛的使用期就老化損壞了。

一個人在睡眠不足時，常會出現精神紊亂、頭腦混沌、心神不寧的狀況。所以他們無論做什麼事都無精打采，感覺力不從心。長此以往，身心皆會受到嚴重損害。如果你能夠保證充足的睡眠、合理的運動和科學的飲食，那麼你如此有規律的生活習慣一定會幫助你在成功的競技場上贏得最後的勝利。

我們在檢查機器時，都要經常幫軸承滴一點潤滑油以保證機器正常運轉，同樣道

理，假如我們要去外地做一次舒服的旅行，也要為自己填充一些體力和精力的潤滑油。我們每天早上檢修完機器後才能夠啟動開關，但是我們對自己的身體卻不懂得如何去保養去維護，不填充足夠原料、足夠的潤滑油，使身體這部機器如何能夠高速和諧運轉。

一個人如果整日埋頭工作，筆耕不輟，勞累過度，直到支持不住才歇息，那麼他的健康將受到極大的危害，精神也會一蹶不振，失去往昔的颯爽英姿。這樣的情形正如一部機器，無論製造工藝如何精良，如果不按時滴潤滑油檢修部件，那麼也會在不久後失去原有的工作效率，降低使用壽命。

有些人明明知道過度勞累的後果，但還是開足馬力，連續工作，直到支撐不住才不得不停下來。他們這樣做是絕對不會得到長久益處的。

一個人如果能夠在勞累的時候補充足夠的睡眠、合理的運動和定量的飲食，再去鄉間接受一些悠閒的空氣，那麼他所耗費的體力和精力就會很快得到恢復。如果你不注重為身體的機器檢修加油，那麼你就不會做出驚人的成就。

過度用腦是導致人自殺的主要原因，這是精神病專家們經過長期實驗研究得出的結論。如果一個人生活枯燥乏味、心力交瘁，做事無精打采，不能投入全部的精力，那麼他需要睡一個好覺，或去鄉間的小路上散散步，排解一下心靈的抑鬱。

一個人如果有空閒時間，那麼不妨去爬爬山，散散步，去鄉間做一次綠色旅行，去黃金海岸享受一下大海的磅礴氣勢，這樣憂愁沮喪一定會煙消雲散的，精神也自然會愉悅振奮。

只有懂得保養自己、不為淫慾誘惑的人才會得到真正健康的身體和幸福快樂的生活。合理膳食、不過度操勞、珍惜體力和精力的人才能以充沛的精力和強健的體魄迎接生活的挑戰。

熱情能創造奇蹟

一件工作由不同的人來做，一定會表現出不同的方式、態度。我發現一些喜愛家務勞動的婦女，無論在做飯、洗衣服，還是清潔廚房時，都表現出一副怡然自得的神態，看來她們的確喜愛這些活動。她們從這些在他人看來單調乏味的家事中，看到了生活美，從中感覺到其樂無窮，無論是家務勞動，還是照管嬰兒，她們都不會覺得單調無味。看著她們興趣盎然、有條不紊地做著這一切，我們也會深受感染，覺得生活一切都美好起來。家中的一切在她們手中，似乎都變得異常明亮，異常光彩起來，家庭氛圍也

變得異常溫馨起來。

另外，還有一些視家務活動為最乏味無聊之事的家庭主婦，她們厭棄甚至憎恨家務活動，誇張一點說，她們願以少活兩年的代價去換取免做家務事。她們千方百計躲避做家務勞動或能少做一點就少做一點。如果實在躲不過去，她們也會應付了事，多半會把房間弄得一片狼藉，看上去整理後還不如整理前整潔，這樣的環境如何能叫心靈得到慰藉呢！這類家庭主婦是以不負責任的態度做事的，而前一類家庭主婦則是以從事一件重大事務的態度做事的，兩者截然不同。

實際上，從一個人的工作狀態上完全可以看出這個人對從事的這份工作態度如何，如果他工作時非常投入，其主動性、創造性、進取性都表現得很明顯，那麼就可以斷定他喜愛他的這份工作。

懶惰成性的女主人，會因她的傭人因急事請假而大發脾氣，甚至暴跳如雷，因為她在傭人請假的這一段時間裡，不得不親自料理家務；而心地善良又勤勞的女主人，則會因為有機會偶爾展露一下身手而高興，她們會爽快地准了傭人的假，而準備親自做一頓豐盛的晚餐。具有後一種心態的婦女，具有做事熱情、精力旺盛的特點。她們往往會以樂觀的情緒和全心全意投入的狀態從事任何一種工作，而前一類婦女則不具有這種優勢。

熱情能創造奇蹟

我們在工廠、服務性行業以及其他一些部門經常見到這樣的員工，他們無精打彩、精神萎靡，走路拖拖沓沓，一副身心疲憊的樣子。他們給人一種受生活所累，不堪重質的架式。探究他們的內心，發現他們厭倦工作，希望早點從工作中解脫出來，他們不能從工作中獲得樂趣，因此他們總是感覺很累。與他們不同，有一些員工則士氣高昂、精力旺盛，整個人看上去充滿幹勁，他們工作起來神情專注，面帶笑容，而且從來都主動做事，所以他們的成績也往往要好上許多，當然主動、樂觀做事與被動、消極做事的結果一定會有天大的差別。

每一個實幹的老闆都願意把提拔的機會留給那些平時勤勤懇懇、做事充滿熱情的員工。這些員工做事的積極性通常也會感染老闆。老闆深知這些員工的價值，並且知道這些員工是在盡心盡力幫助自己。而那些做事不負責任、拈輕怕重的員工是得不到老闆青睞的，與這些落後員工在一起，老闆也會覺得做事沒有信心，存在一種隨遇而安的消極心理，因此，他通常會自覺地與那些要求上進的員工在一起，關心他們的生活，關注他們的發展。

舉個做鞋匠的例子，鞋匠有兩種，一種把補鞋當作一個神聖的工作來做；一種把補鞋當作一種謀生的手段。前一種鞋匠工作時，全心全意投入，即使是補一個小補丁，也

仔仔細細、精精心心，儼然一個藝術家在精心雕琢著自己的作品；後一類鞋匠工作時應付了事，不管好看不好看，補上就行，他只關心自己是否能賺錢，能賺多少錢。兩類鞋匠存在著巨大差別，前一類鞋匠會獲得人們的敬重，成為最讓人稱道的鞋匠，而後一類匠鞋匠只會遭到人們的白眼，生意也會越做越冷。

在我認識的速記員中，可分兩類，一類是技術好，工作態度好的；一類是技術一般，工作態度不好的。前一類速記員工作品質高，能埋頭苦幹，而且要求積極進步，責任感強，把公司當成自己家一樣，這類速記員易受到老闆青睞，提升的機會多。後一類速記員，工作應付了事、馬馬虎虎，好投機取巧，一旦出了錯，也不認真對待，這種人不易得到老闆重視。

有一些教師要求很高，把自己做人、做事的標準等同於大師標準。他們充滿愛心、全力以赴地教書育人，他們把自己比喻成太陽，希望能把自己所有的能量都毫無保留地灌輸給學生。他們好像是站在畫布前的大師，盡力在黑板這塊畫布上描繪出所有的希望。與這些教師相反，有一些教師未登上講臺就開始煩躁，他們討厭教書育人，他們希望哪一天學校解散了，他們就可以再也不用上班了。即使他們勉強上了課，也毫無熱情，表情僵硬，學生們好像也對他們的課無動於衷。

神職人員也有類似情況。米歇爾．安格魯是一位有著工作熱情和旺盛精力的牧師。他把佈道、傳福音當作是上帝賜給他的責任，因此，每天天一亮，他就做好了各項準備工作，準備開始一天愉快的工作，他從工作中獲得了極大的快樂和滿足。與他不同，有一類牧師雖然也做著同樣的工作，但他們內心卻缺乏真愛和熱情，他們對教徒的甘苦視而不見，他們缺乏真情的頌讀無法激發出教徒的熱情。牧師的工作要求牧師要有火一般的熱情和慈母般心腸的愛，如果不具備這兩點是無法成為一個合格的牧師的。

正是要具備這近乎瘋狂的工作熱情和積極向上的工作態度，才能把單調乏味的日常工作當成一件神聖光榮的的事業來做，也只有這樣，才能把工作做好。大約一個世紀以前，羅德島上居住著一個人，他不知出於什麼考慮，想砌一堵石牆，他把砌這堵牆當成創作一幅傑作來作。他仔細審視每一塊石頭，測量它的長度，研究它的外形，把它放在最適合的位置，放好後，還要前前後後、左左右右，從不同角度審視。然後，他就像一位完成了一幅偉大雕刻的雕刻家一樣心滿意足。這堵石牆傾注了他的全部熱情和獨特個性。終於這堵牆出名了。來參觀它的人絡繹不絕，他愉快地接待著來訪者，並不厭其煩地向每一個人細細講解每一塊石頭的歷史。不要懷疑這堵石牆的存在意義，單單從它已存在一個多世紀，就可以看出它的價值。

重視你的第一份工作

第一份工作至關重要，因為它將培養你的職業觀念和職業習慣，甚至決定著你能從事的行業和事業發展的高度。

人的可塑性是非常大的，大學畢業生往往就像是一張白紙，第一份工作將為這張白紙打上一個底色，而這個底色將對未來在上面所要畫的圖畫影響甚大。第一份工作也許就是你博取未來的本錢。第一份工作解決了你的生存，使你慢慢適應社會，並且開始增長你的工作經驗。你的人生閱歷、個人能力等等都在第一份工作期間得到極大的發展延伸。

查爾的第一份工作是在一家雜誌社做記者，老老實實做了三年。事實上，這份工作經驗為查爾一生的職業生涯打下了堅實的基礎，也使查爾獲得了最寶貴的職業自信。現在查爾到任何一家雜誌社或者媒體工作，都可以算得上是資深人士。

因為查爾經歷了最為嚴酷的職業磨練。三年裡查爾一共發表了三四十萬字的文章。此外，單單是一字一句地整理採訪錄音，查爾就聽過一百萬字以上的磁帶錄音（因為經濟原因，不可能去請速記，事事自己親力親為），這份機械的基本功來的是如此的艱苦，以至於當查爾無法堅持的時候，就選擇在半夢半醒之間整理錄音（因為這時候神經已經麻木了，感覺不到痛苦）。現在看來，當時的做法顯得是如此愚蠢，然而，如果沒有那時的痛苦，也許就不會有查爾今天的寫作速度（現在查爾已經可以一邊採訪，一邊用筆記型電腦及時地記錄下被採訪對象的談話和採訪內容，再也不用去依賴採訪機了）。它使查爾能夠在保證足夠好的前提下，比絕大多數的記者和作者都要快。而在一個競爭激烈，日新月異的世界裡，僅僅這一點，就足以讓查爾建立起明顯的職業優勢了，從而在競爭中處於一個更加優越的位置。

現在查爾在華盛頓郵報社做得非常出色，這些天還傳來了他要升職做主編的好消息。

剛剛進入職場，人生的選擇往往是被動的。為了解決就業問題，能夠盡快適應環境，大多數畢業生會做出這樣的選擇：只要有公司要、不管是否適合自己都匆匆答應。這種「先就業，後擇業」的狀態在嚴峻的就業形勢下尤其突出，儘管所獲得的並不是自己最滿意的工作，但是迫於就業壓力還是被動地接受了它，並往往將第一份工作當成進人職場的跳板。

據「第一次就業調查」結果顯示：半數人第一次選擇工作時是盲目的，有百分之

三十三點二的人是「先就業後擇業」，而百分之十六點三的人「沒有太多考慮」就跟著感覺走選擇了第一份工作。但從職業發展的角度看，正確的職業選擇應該根據自己的興趣愛好和未來發展來決定，調查中只有百分之十一點一的人根據興趣愛好、百分之六點四根據未來發展進行選擇。也許正因為如此盲目，才難以找到適合自己、有長期發展空間的職位，調查統計發現大學生就業後的一年內流失率高達百分之五十，兩年內的流失率接近四分之三，這實在是一個驚人的數字。一方面很多畢業生找不到工作，一方面很多公司又不敢聘用畢業生，這是一件多麼令人痛心的事情啊！

那麼，我們應該如何選擇第一份職業呢？

我們應該冷靜下來，認真回顧自己過去的生活、學習經歷，了解和分析自己的個性、興趣和能力，然後思考一下自己的未來，聆聽自己的心聲，發現自己內在的需求。這樣的沉思可以透過向自己提一些簡單問題來得到答案，如：

❖ 我的夢想是什麼？

❖ 我對什麼感興趣？（將所有能夠激發你熱情的東西列出來）

❖ 我做人和做事的價值觀是什麼？

❖我具有什麼樣的天賦？

選擇確定第一份工作，對即將步入社會的畢業生而言無疑是人生中的一次重大決策。在這種關鍵時刻，畢業生自然要徵求親朋好友的意見，也可以透過各種管道了解訊息，但最終的決定還是要由畢業生本人做出。在了解了自己的夢想、個性、能力和興趣之後，結合不同職業對從業人員的工作要求和生活習慣的影響，確定自己的職業發展方向。

為最大限度地避免「入錯行」悲劇的發生，找到好工作，你應該將如何找到適合自己的工作看作是自己的第一份工作：分析清楚自己的優勢、劣勢，了解透徹自己的行為風格、工作方式，在此基礎上確定自己將為之奮鬥的行業。這是第一步，也是你職業人生最關鍵的一步。行業確定後，再在這個行業內尋找立足點。具體的，聽聽別人的經驗：

❖選擇企業的大小，不如選擇適合自己能力發揮的；

❖選擇氣派的辦公室，不如選擇良好的企業文化；

❖選擇錢多錢少，不如選擇一技之長；

❖選擇職業、選擇公司，更要選擇一位值得追隨的老闆。

記得有位名人說過：「人生有如滾雪球，後面的成就，取決於你前面的累積。」如果第一個雪球夠大的話，你一定能滾出更大的雪球出來。

人生又如走雪地，你的第一個腳印，將是你今後所有腳步的基礎，基礎越扎實，才能走得更遠。請記住：第一個腳印踩得越深越好，你要有自己的立身之本。如果你沒有選擇好你的第一份工作，你就會發現生活的艱難，慣性的可怕（在生存的壓力、自己的惰性作用下，你也許會一輩子從事一種悲慘的工作），你就會知道我說得有多麼正確。

信念開啟卓越之門

如果我們常把信念看成是一些信條，那它就真的只能在口中說說而已。信念是一種指導原則和信仰，讓我們明瞭人生的意義和方向，信念是人人可以支取，且取之不盡；信念像一張早已安置好的濾網，過濾我們所看的世界，信念也像腦子的指揮中樞，指揮我們的腦子照著我們所相信的去看事情的變化。

德雷克．鮑克表示，無論是求職還是創業，只有堅定自己的信念才能不致使自己的志向落空。

約翰．史都華．彌爾也曾說過：「一個有信念的人，所發出來的力量，不下於九十九位僅心存興趣的人。」這也就是為何信念能啟開卓越之門的緣故。當我們內心相信，信念便會傳送一個指令給神經系統，我們便不由自主地進入信以為真的狀態。堅定的信念可以使我們堅定志向，可以督促我們積極行動。

所以，若能好好控制信念，它就能發揮極大的力量，開創美好的未來；相反地，它也會讓你的人生毀滅。在過去，宗教會鼓舞成千上萬的人，給予他們力量，做出認為不可能的事。堅定而成功的信念，能幫助我們挖掘出深藏在內心的無窮力量。

旅途中，指南針和地圖可以使遊人辨明東西南北；在人生中，信念也有如此作用，指引出我們要去的目標，並確信必能到達。然而沒有信念的人，就像缺了舵少了馬達的汽艇，只能在人生的汪洋中沉淪。所以在人生中，必得要有信念的引導，它會幫助你看到目標，鼓舞你去追求、創造你想要的人生。

事實也的確如此，世界上沒有任何力量像信念這樣，影響我們如此巨大。人類的歷史，根本就可說是信念的歷史。像耶穌、穆罕默德、哥白尼、哥倫布、愛迪生或愛因斯坦等人，他們何嘗不是改變歷史，也改變我們信念之人。若有人想改變自己，那就先從

改變信念開始；如果想效法偉人而成功，那就效法他成功的信念吧！

許多人在催眠狀況下，碰觸一塊冰塊，然後告訴他們是一塊燒紅的金屬，結果在碰觸部位就冒出水泡。有許多人都知道安慰藥的作用，它對治病不一定真有效果，多半是用來哄騙病人，使其心理相信，達成治療效果。卡曾斯（Norman Cousins）就親身體驗過信念的力量，因而消除病因，他說：「人體的康復，除了吃藥打針之外，最需要的是康復的信念。」

請問，你的人生信念來自何處？如果你想要成功，最好聰明點，小心地選擇你的信念，可別像一張黏蒼蠅紙，黏到什麼信念就抓住不放了。在此，你要記得，我們啟動的潛能、得到的結果，都是由信念而開始的動態過程。

假設有個人，他對做某件事沒有信心，所以就自認為是個無能者，像這樣懷抱失敗的念頭，你猜他能發揮多少潛能？不會太多。因為他已經送了一個預期失敗的訊號到腦子裡。如果在一開始就有這種念頭，請問他會怎麼做？他會有自信、有幹勁、始終不改、堅持到底嗎？他會全力以赴嗎？實在是不太可能。如果你深信會失敗，幹嘛還要困獸猶鬥？這時你的信念就會加強你的不能，不斷地把這種信號送入你的神經系統，限制你發揮潛能，使你做起事來無精打采、躊躇不前。你想這副樣子，會有什麼結果？如果結果真是這樣，對於你以後做事會有什麼影響？毫無疑問，消極的信念將就此惡性循環下去。

失敗不斷滋生失敗。那些鬱鬱寡歡、面對破碎生活的人，就是長期以來得不著所求的，以致讓他們不再相信能創造所要的結果。他們根本不打算發揮潛能，只想能過著守株待兔的日子。結果是，生活更悲慘，甚至於整個信念崩潰。

假設你打從一開始便有積極成功的信念，甚至於每根神經都相信自己會成功，那麼你會發揮多少潛能？可能不少。你打算採取什麼樣的做法？你會抱著懶懶散散、無精打采的做事態度嗎？很顯然，這時你會興奮、有幹勁、滿懷成功希望、做得又快又好。如果你是這樣的賣力，會有什麼樣的結果呢？這必然是一個良性循環——成功滋生成功，不斷產生更多的成功，而每一次的成功，就讓你產生更多的信心，並有衝勁去追求更上一層的成功。

信念之所以能產生如此巨大的作用，就在於他能不斷地把訊息傳給腦子和神經系統，造成期望的結果。所以，如果你相信會成功，信念就會鼓舞你達成；如果你相信會失敗，信念也會讓你經歷失敗。

德雷克．鮑克提醒求職、創業的年輕人：不論你說能或不能，你都算對。

既然信念有很大力量，那麼，我們該擁有哪種信念？如何去培養它呢？

既然信念是決定我們潛能發揮程度的關鍵，那麼信念到底是什麼？實際上每一個人的經驗，也就是你儲存在腦海裡的，你說過的、看過的、聽過的、摸過的、嗅過的、嘗過的。當你肯定地說你記不得，你的神經系統就給了你一個記不得的指令；當你說你記得住，你就給神經系統一個指令，打開通往腦海記憶部分的通道，而你所需的答案就源源不斷地流出。

信念是很容易解釋的；它是預先形成、預先組成的認知系統，以始終如一的方式，過濾一切到我們腦中的訊息。那麼信念來自何方？為何有人擁有推向成功的信念，而其他人擁有失敗的信念？如果我們打算倣法那些推向卓越的信念，首先就得找出它的來源。

孕育成功的良性循環與孕育失敗的惡性循環，其分野就在於環境。監禁生活最可怕的，不是每日的挫折和剝奪，而是這種環境會孕育失敗信念和使夢想幻滅。如果你看到的盡是失敗，盡是絕望，要想在內心形成追求成功的儲存記憶，實在是難如登天。

模仿是一件人生一直在做的事。如果你生長在一個富裕且成功的環境，你很容易去模仿富裕和成功；如果你生長在貧窮和絕望中，你大半的模仿可能是貧窮和絕望。愛因斯坦就曾說過：「很少有人能夠不因社會環境的偏差而表達出公正的意見，然而絕大多數的人連公正的想法都沒有。」

芝加哥大學的布魯姆博士曾研究一百位傑出且年輕的運動員、音樂家和學生。他十分驚訝地發現，這群年輕奇葩，大部分都不是自幼即表現偉大不凡，而是在細心的照顧。指引和幫助下，得以發展才華。這都得歸功於他們成名前，即已擁有「我必出人頭地」的信念。

很顯然，環境是一個產生信念十分重要的因素。幸好，它不是唯一的決定因素，如果是的話，我們的世界就是個靜滯的世界，富家子弟永遠只認得錢財，而貧家子弟就永無出頭之日了。另外尚有其他的方法，可以孕育信念。

在每個人的生命裡，必然發生一些永難磨滅的事件。甘迺迪總統被刺那日，你在做什麼？如果當時你不算小，你一定記得這件事。對許多人而言，那天的景象大大地改變了他們的世界觀。同樣地，另有許多經驗使我們難以忘懷。它們會影響我們的信念，改變我們的人生。所以，許多偶發事件是我們發展信念之道之一。

第三個建立信念之道是經由知識。親身體驗是知識的一種，而另外一種可從閱讀、看電影等得到別人的看法。知識是打破阻礙的最佳方法之一。不論你的環境是何等的艱難，如果你讀了別人的事蹟，你便能產生信念，助你成功。卡爾文博士是一位黑人政治

學家，他認為，在他青少年時期，美國棒球聯盟第一位黑人球員羅賓遜對他的影響非常巨大。他說：「從他那裡，我得到鼓舞，他的事蹟提升了我的眼界。」

我們也可從過去的成功經驗中學得信念。相信自己行，最有效的方法就是實際去做一次。如果你成功一次，就很容易建立起再成功的信念。一旦這種成功的經驗深植在你的頭腦中，你就發現自己一定能。相信自己能辦得到，就像是自我實現的預言家一樣，能幫助自己成功。

第五條建立信念之道，便是在內心建立一個經驗，假想願望已經實現。正如先前的經驗會改變你內心的看法，因而成真。同樣，你也可以利用想像、期望未來的結果。當你外界環境無法讓你生氣勃勃，你這時只要在內心把狀況假想成你想要的，然後把自己融入其中，因此就可改變你的心境、信心和行為了。

例如，如果你是位業務員，賺一萬元容易，還是十萬元容易？告訴你，是十萬元。為什麼呢？如果你的目標只是賺一萬元，那麼你的打算不過是能餬口便成了。如果這就是你的目標與你工作的原因，請問你工作時會興奮有勁嗎？你會熱情洋溢嗎？好好想想看，難道工作就只為了餬口而已？

不過銷售總歸是銷售，不論你希望做多少業績，你都得打電話、接洽客戶、送貨。

如果你把目標訂為十萬元，而不是一萬元，出門時一定會更興奮、更賣力。這時你的心境會鼓舞你發揮出比求餬口更高的潛力來。

很明顯的，金錢不會是激勵你的唯一之途。不管你的目標為何，如果你在內心裡，對你所追求的有個很清晰的輪廓，並且假想已經擁有了，那麼你就會進入能幫助你實現願望的狀態。

以上這些就是建立信念的方法。在此，德雷克．鮑克慎重地告訴年輕人，就是別像隨風飄零的落葉，要能控制你的信念，控制你效法他人的方法，執意地引導你的人生，你就必能改變，也必能成功，無論是求職還是創業。

信念既然是一種有意識的選擇，所以，你可以選擇的信念，選擇束縛你的信念，或選擇支助你的信念。如果你想成就卓越，選擇能引導你成功的信念，丟掉會扯你後腳的信念。

德雷克．鮑克認為，要想達到最後的成功，必須要保持能鼓舞你的信念，保持力行，全力以赴。林肯曾有過幾次競選失敗，但是他一直相信自己的能力，終於成功。祕訣就在於他讓自己處於被成功鼓舞、拒絕臣服於失敗之下的信念，因此他終有所成。

生命實在是比我們想像得更微妙且更複雜。如果你還沒像前面所說的那樣做過，那麼就重新檢討你的信念，並且決定要改變哪些以及那些成為舊的信念。

你的人生，是由你自己創造的。如果你的內心有積極的看法和信念，那是你所創造的；如果你內心的看法和信念是消極的，那也是你所創造的。除非你的腦中有堅定的信念，否則你不可能開啟卓越之門。

▼挑戰不能停歇

既然你已經對自己許下了堅定的承諾，確立了自己想要什麼，現在，為了不致最後目標落空，鼓起勇氣，一直挑戰到最後。

挑戰，再挑戰，一直挑戰到最後。勇敢就是年輕在別人都在阿諛奉承的時候，能挺直自己的腰板。勇敢就是在自己的同伴都穿著呢子大衣的時候，能穿破舊的衣服。勇敢就是其他人透過欺騙致富的時候，自己還能保持清貧和誠實。勇敢就是在周圍的人都說「好」的時候，自己還能坦率地說出「不」。

勇敢就是在別人因為逃避神聖的責任而擁有財富和名聲的時候，自己還能默默地承擔義務。勇敢就是展示真實的自我，在一片譴責聲中暴露自己的汙點，還有讓別人知道你自己的真實面貌。

挑戰不能停歇

勇敢就是勇於與多數人意見不同，勇於被打敗，勇於被嘲笑，勇於被愚弄，勇於被奚落，勇於被挖苦，勇於被誤解，勇於接受別人對你的錯誤的判斷，勇於一個人站起來面對全世界反對你的人說：「只有奴隸才不敢與堅持真理的少數人一致。誠實的人不會因為狗對著他吠而動搖或變壞。」

我們的生活方式很奇怪，因為我們害怕被別人看成奇怪的人。膽小鬼會因為一次嘲弄或一聲冷笑就會放棄忠於自己的誓言、男子漢氣概和榮耀。

威靈頓曾說，在滑鐵盧戰役中最激烈的一場戰鬥發生在一座農舍附近。農舍的附近有一座被濃密的矮樹叢包圍的果園，這座果園對英方來說是重要的策略據點，上級下令說無論有什麼危險或者要付出多大代價都一定要守住它。

最後英國軍隊的火藥和砲彈都用完了，矮樹叢也著火了，形成了一堵火牆把果園團團圍了起來。一位傳令兵被派出去要求彈藥補給，很快兩輛滿載彈藥的馬車向農舍飛馳而來。

第一輛馬車的車伕是一個英國男孩，伴隨著過人的勇氣他駕馭著因恐懼而亂跑的馬匹衝過火堆。然而周圍的火勢太大了，引燃了車上的火藥，火藥一下子爆炸了，瞬間把馬車、馬匹和車伕都炸成了碎片。

第二輛馬車的車伕猶豫了一會兒，被他的夥伴的命運給嚇得不知所指；然而在被爆炸的衝擊力震盪的一剎那，他做出了孤注一擲的決定，駕馭著他的馬匹衝過了炙熱的火牆中的一個缺口，最後在駐防部隊一片震耳欲聾的歡呼聲中安全地把彈藥送到了目的地。在他身後，火牆的缺口合上了，火焰比開始的時候燃燒得更加猛烈了。

勇敢地去執行你的決定吧。每種想法在其作用被嘗試之前都僅僅是美夢而已。競爭使你感到困擾嗎？不停地工作吧！除了你自己之外，誰還能成為你的競爭對手呢？

在這個世界上找到你自己的位置，要相信所有的一切都只會為勇敢的靈魂敞開大門。像個男子漢那樣與困難作鬥爭，勇敢地在逆境中堅持下去，無畏地面對一次又一次的失望、失敗。

一個勇敢的人非常具有感染力，他會給身邊所有的人帶來一種富有感染力的高度熱情。對於那些情緒低落的人來說，每一天都使他們更接近墳墓，因為他們的怯懦使他們無法作出一次又一次的努力；然而如果他們能夠鼓起邁出第一步，他們就很可能因此而創立偉大的事業，並且能夠走得很遠。

亞伯拉罕．林肯，在貧窮中度過自己的童年他從小就只接受過很少的教育，也沒有什麼有勢力的朋友。當他最後開始自己的法律生涯的時候，他需要多大的勇氣才能把自己的命運與那些弱者繫在一起，以至於有時甚至威脅到了他自己僅有的那一點點聲譽。

莎士比亞說：「那些因為害怕蜜蜂針炙而不敢靠近蜂巢的人不配享用蜂蜜。」許多聰明的年輕人身上沒有一點對他自己或對世界有價值的東西。不管別人怎麼想你，你只要做自己認為是正確的事就行了，用一種近乎冷漠的態度來對待批評或讚揚。

但是，此處的勇敢也並不是逞匹夫之勇，而是精中精力於一個目標。成功者和失敗者之間的巨大差別，不在於他們各自所做工作的數量，而在於有效工作的品質。許多人做了很多工作，但他們的勞動是徒勞無功的，因為他們用一隻手擴大產業，卻用另一隻手毀滅他們的職業。

不找任何藉口

德雷克．鮑克認為，職場中人在行為上應具有保持平靜，準備逆來順受的精神。在

工作中，沒有任何藉口是你職場成功的要訣。同時你要給自己信心，不要因為眼前的收入低，就妄自菲薄。要相信自己的能力，更要堅持不懈地向著自己的目標努力。當你帶著信心和熱情投入工作的時候，你會驚訝地發現原來自己的進步可以這麼大，而這又可以激發你發揮自己更大的潛能，帶你一步步地實現自己的夢想。

如果你真的想獲得成功，你應該在工作中養成好的習慣。你要善於觀察思考，善於創新，還要善於總結他人的經驗並為自己所用，總之在工作中，你一定要盡自己最大的努力。也許你的老闆可以控制你的薪資，可是他卻無法遮住你的眼睛，捂上你的耳朵，阻止你去思考，去學習。換句話說，他無法阻止你為將來所做的努力，也無法剝奪你為此而得到的回報。

假如你在工作中受到挫折，假如你認為自己的薪資太低，假如你發現一個沒有你能幹的人成為你的上司，不要氣餒。因為誰都搶不走你擁有的無形資產——你的技能、你的經驗、你的決心和信心，而這一切最終都會給你回報。

不要對自己說：「既然老闆給的少，我就做的少，沒必要費心地去完成每一個任務。」也不要因為自己賺的錢少，就安慰自己說：「算了，我技不如人，能拿到這些薪資我也知足了。」因為這些消極的想法讓你看不見自己的潛力，讓你失去前進的動力和信心，讓你放棄很多寶貴的機會，從而使你與成功失之交臂。

沒有誰會賠償你的忍讓，也沒有誰會感謝你的「自我犧牲」。要知道，當他人對你沒有信心的時候，你還可以重新獲得別人的肯定，但是如果當一個人對自己都已經失去信心的話，那他就真的是無藥可救了。

試比較兩個具有相同背景的年輕人。一個熱情主動、積極進取，對自己的工作總是要求精益求精，總是為公司的利益著想。而另一個總喜歡投機取巧，總嫌自己的薪水太低，總把自己的利益放在第一位。試問，如果你是一個公司的老闆，你會僱傭誰，或者說你會給誰更多的發展和晉升的機會呢？

沒有誰一開始工作的時候就可以發揮所有的潛力，就可以出色地完成每一項任務，同時，也很少有人一開始工作就能拿到很高的薪資。所以在你努力工作的同時，也要學會耐心等待，等待他人的信任和賞識，從而你才能得到重用，才能向更高的目標前進。

有一個年輕人，剛來紐約的時候在一家出版社工作，一個星期只能賺十五美元，而且還必須從早忙到晚。他的朋友們都勸他換一個工作，並且說這樣低的薪資不值得他那麼賣力地工作。

可是他沒有放棄，也沒有埋怨自己的薪資低，仍然繼續努力地工作。五年後，他的

薪資漲到了一個星期三十五美元。後來，出版社的老闆很欣賞他的工作態度，也很肯定他取得的進步，於是將他調到了一個更重要的部門，一個星期付給他七十五美元。

在新職位上，這個年輕人還是堅持了以前的好習慣，依然努力地工作著，後來成為這個出版社裡收入第二高的人。

你應該記住：與你在工作中獲得的技能和經驗相比，薪資真的算不了什麼，因為前者對你的將來意義更重大。而事實上，當你的才能展現出來的時候，不僅你所在的公司會注意到，就連別的公司也會發現，它們可能會用更優厚的待遇和條件來邀請你的加盟。

如果你一直努力工作，一直在進步，你就會有一個良好的、沒有汙點的工作紀錄，從而你在公司中，甚至是整個行業中都會有一個好名聲，這將陪伴你一生，而你從中獲得的物質和精神上的享受又豈是薪資就能衡量的呢？

很早以前，年輕人為了學一門手藝，常常拜師學藝多年而不可能拿到一分錢的薪資，但是他們從來不會抱怨。在他們看來，能有這麼好學到技能和知識的機會是很難得的。可是，現在的你不但可以學到知識和技能，還可以拿到薪酬，你有什麼藉口不好好工作呢？又有什麼好抱怨的呢？

現在很多人上班的時候總喜歡「忙裡偷閒」，他們不是上班遲到早退，就是中途偷偷溜出辦公室與人閒聊，或是借出差之名遊山玩水，甚至以各種理由晚回公司等等。也許這些人並沒有因為這些事情而被開除或者被扣薪資，但是他們的行為已讓他們的升遷變為不可能，同時如果他們想到其他公司就職，別的公司也不會對他們感興趣的。

許多員工在不努力工作的時候總能為自己找到理由。他們有的會說老闆對他們的能力和成果視而不見，有的會說老闆太吝嗇，他們付出再多也不會得到相應的回報。

也許員工沒有辦法命令老闆怎樣做，但是他們自己卻可以讓自己按照最佳的辦法行事。也許你的老闆不是很有風度，但是你應該要求自己做事要有紳士風度。你不應該因為老闆不是你理想中的類型就不努力工作，這實際上常常埋沒了自己的才能，會毀了你的將來。

總之，不論你的老闆有多吝嗇多苛刻，你都不能以此為由找任何藉口而不努力工作。成功之門能不能為你打開，關鍵是要看你有沒有開啟它的鑰匙；而如想擁有這把鑰匙，你就必須努力工作，任勞任怨。對於那些整日怨天尤人、不思進取的人來說，等待他們的只會是碌碌無為和終身的遺憾。

如果想在職場中成功生存，不論你的薪資是高是低，你都應該具有良好的工作態度。這常常是成功與失敗的最大區別。在工作中你應該嚴格要求自己，能做到最好，就

不能允許自己只做到次好；能完成百分之百，就不能只完成百分之九十。當一個人工作的時候，他應該把自己看成是一名傑出的藝術家，而不是一個平庸的工匠，應該帶著熱情和信心去工作。

對於工作的人來說，薪資固然是必須的，因為你需要有錢去買麵包奶油，需要有錢租房、交電話費等等。但是你還應該有更高的追求，應該努力去實現自身的價值，不要只盯著帳戶裡的薪資。那些只為錢而工作的人也許是世界上最失敗的人。

很多年輕人當他們走出校園的時候，總對自己有很高的期望值，總覺得自己應該一開始工作的時候就得到重用，同時他們在薪資上還喜歡相互攀比，似乎薪資成了他們衡量一切的標準。

但事實是，當年輕人剛開始工作的時候，是不可能身兼重職的，薪資也不可能很高，所以很多人就開始抱怨，找藉口不努力工作。他們看不到除薪資以外的東西，曾經在校園中編織的美麗夢想也被他們自己否定了。

沒有了信心，沒有了熱情，他們工作的時候總是採取一種「對付」的態度，能少做多少就少做多少，能躲過不做的事情就不做。他們總以自己賺取薪資的多少來衡量自己做多少工作，從來不想這樣做失去的發展機會是否對得起自己，是否對得起家人和朋友的期待。

很多傑出人士具有的創新能力、決策能力以及敏銳的洞察力等等都令人欽佩不已，可是他們也不是一開始工作的時候就有這樣的本事，他們也是在長期工作中累積和學習到的。另外，他們在工作中還學會了了解自我、發現自我，工作中一直保持平靜，沒有任何藉口，從而他們的潛力常常可以得到充分的發揮，這也是他們能夠成功的重要因素。

德雷克．鮑克認為，不要太在意你的老闆怎樣評價你，他們有時候會因為太主觀而對你的成績不能作出客觀的評價，有時候甚至不能看到你的成績和進步；你應該學會自我肯定，自我評價；只要你努力了並且竭盡全力，你的能力必定會得到提升，你的經驗也會變得豐富起來。

在任何一種行業中，都不乏投機取巧之人，他們總是想方設法地少做工作。對於他們來說，找各種藉口撒謊騙人已成為他們工作的核心部分。更可怕的是，這種弄虛作假、投機取巧的行為很容易就成為難以改掉的習慣，一方面這些人將成為別人眼中人格低下的人，而另一方面這些人也在無形中給自己的成功之路設置了障礙。可見，一個員工在職場上失敗往往是因為自己人格上的失敗而導致的。

一個找藉口而弄虛作假的人，不但不會得到別人的尊重和信任，即使是他們自己也很難擁有自尊和自信。一個不懂對工作認真負責的人，往往也是一個不能自我發現、缺乏自信的人，有時候當你把工作推給別人幫你完成的時候，實際上你也把自己的快樂和信心轉交給了別人。

不論你的薪資多低，不論你的老闆多麼不器重你，你都要努力認真工作，都要毫不吝惜地投入你的精力和熱情。工作上投機取巧也許只是給你的老闆帶來一點點的經濟損失，但是它卻往往可以毀掉你的一生。要為自己的工作感到驕傲自豪，要以主人和勝利者的心態去對待自己的工作。

不要在意老闆怎麼看待你工作的成績，那其實並不是最重要的，關鍵是要看你自己怎樣正確地看待和評價自己的工作。不要找任何藉口而放棄工作，盡自己最大努力去做好工作。身為職場中的一員，誰也不會真正伴你走向成功，只有你自己才能幫助自己。

精益求精

德雷克．鮑克認為，歷史上很多可怕的悲劇，都是沒有養成做事精益求精、有始有終的習慣，疏忽地犯下一些不可寬恕的錯誤造成的。

人們在南部的監獄裡發現過這樣一件事情。一個女傻子被判入獄十二個月，可是她卻蹲了十二年的監獄。而這一切，僅僅是因為一個法官在判決書中把十二個月寫成了十二年。

大多數鐵路事故，其他陸地和海上事故，奪走了許多人的生命，引起了巨大的悲痛。這些都是漫不經心、不認真思考、或是沒有做完的、含有巨大隱患的工作所帶來的結果。

在我們廣闊的世界裡，隨處可見不追求高品質工作所結出的惡果——木製的義肢、空蕩蕩的袖子、沒有手指頭的手、沒有父母的家庭。而這些慘劇的背後，是某些人的粗心大意、工作失誤和工作不追求精益求精的惡習。

如果每個人都能夠認真對待工作。有始有終的話，我們將不僅減少現在人們死亡、受傷和殘疾的比率，而且還會為我們的世界留下更高品質的成年男女。對工作粗心大意的人和搞蓄意謀殺的犯人沒什麼區別。

大多數年輕人過於重視工作的數量而不是品質。他們做的工作很多，可是工作品質卻不高。他們沒有認知到，對一件工作的精益求精，其意義遠遠大於做成千上萬件半途

而廢的工作。

你必須遵循這樣的規律，我們在工作中付出的勞動的品質，會影響我們在職場中的成功。精益求精的習慣會加強人的精神力量、使他們的性格變得更好。相反，以隨隨便便、敷衍了事的態度工作，必將削弱人的精神力量、敗壞道德，並降低職場成功生存的可能程度。

每一件在你手中半途而廢、敷衍了事的工作都會在你背後留下道德敗壞的印記。在輕視你自己的工作之後。把這件工作做得很差之後，你就不再是以前的那個你了。你將不太可能繼續遵循自己以前的工作標準，或是像以前那樣重視自己所說的話了。

一個受過良好教育、做事有始有終、有著遠大理想的年輕人，如果在踏入職場之初，就不幸地開始為一個目光短淺、工作方法粗劣的老闆工作，用不了多長時間，你就會發現，他退步的速度會讓人大吃一驚！

工作品質開始出問題，就像是人開始服用慢性毒藥，它會使很常見的功能癱瘓。而且低品質的工作具有傳染效果，它能夠像酵母一樣，影響整個系統；它會讓人降低對自己的要求，讓天賦越來越遲鈍，讓抱負一點點消逝，一切情況都隨著它的到來而惡化。

在人體的結構中，任何一部分出了問題都會影響到全身。工作品質和人的性格之間也存在著一種十分類似的關係。實踐表明，當年輕人開始輕視自己的工作之後，他的性格也隨之快速墮落，每天的工作都敷衍了事。

如果你的工作半途而廢、粗枝大葉或是漫不經心地犯下很多錯誤，你的行為實際上就是在偷竊別人的物品或毀壞他們的財產。你和你老闆的合約意味著你要給老闆最好的表現，而不是次之的表現。

「你真是個蠢貨，」一個工人對另一個說，「薪資不多，工作卻這麼賣命！我的原則是『拿最多的錢，做最少的工作』，而我的薪資卻是你的兩倍。」

「或許是這樣吧，」另一個工人回答說，「但是，我不想討厭自己。儘管錢是我所需要的，但我更重視我的人品。」

如果你能夠證明自己做事本著良心出發，那你就會更喜歡自己與那些透過欺騙、偷工減料和漫不經心地工作賺錢的人相比，人品的價值要大得多。其他任何東西，比如突然的升遷，都無法給你這種滿足感。完美的工作和我們做人的原則是一致的。

在疏忽和無知之間有一場競賽，它們比的是誰能夠製造更多的麻煩。很多年輕人因為一些在他們看來很小的事情而失敗，比如疏忽、不精確。他們很少做完他們應該做的事，指望他們把事情做好的想法是不切實際的，他們的工作必須有人在一旁監督。當

今，有成千上萬的小職員薪資微薄、處境艱難，原因在於他們從來就不知道怎樣把事情做得完全正確。

一個顯赫的企業家曾說過：「很多雇員粗心大意、不求精確和因此產生的錯誤，每天要使芝加哥損失上百萬美元。」

芝加哥一個貿易公司的經理說：「我不得不在公司裡安排很多糾察員，以便及時解決那些不求精確、經常犯錯的的習慣所帶來的問題。」

很多員工會為說謊欺騙老闆的想法感到震驚，而事實上，他們每天都在用他們低劣的工作品質、他們偷懶的行為、他們對公司的利益漠不關心來欺騙自己的老闆。低劣的工作品質和偷懶，與說出來的謊言並沒有什麼區別。哈佛大學的管理專家一致認為，謊言可以是說出來的，也可以是透過行為實現的，而後者的性質更惡劣。

不致力於把自己的工作做好，而是在商品或是產品中採取欺騙手段的人，既是對自己不誠實，又是對他的夥伴不誠實。他必將為自己的這種行為付出自尊、人格和社會地位的代價。

在你做完一件事之後，你應該能夠對自己說：「我願意讓它代表我的水準。雖然它並不完美，但是，我盡了自己最大的努力，有始有終。我願意讓人們根據它的品質來判斷我的能力。」

永遠不要滿足於「還不錯」或是「可以了」，不要容忍自己表現得不是最好。你要這樣去工作：要讓每一個看到你工作的人從中發現你的個性、你的風格、你對工作一絲不苟的態度。要這樣想：你做過的每一件工作都有可能因為品質不夠高而影響你的聲譽，而聲譽就是你的資本。

工作品質低劣，或是從你手裡留下來的半途而廢的工作將會讓你付出高昂的代價。你工作的每一個細節，不管它看起來是多麼的不起眼，都應該能夠代表你嚴謹的工作態度。

沒有其他的性格會像認真負責、細心謹慎和精益求精那樣引起老闆的好感。每一個老闆都知道，如果一年輕人能夠因為要遵循自己的原則而認真對待工作的話，那麼他的本性就是誠信、認真、負責、追求完美。這和他因為薪資或是其他回報而認真工作是完全不同的。

很多雇員因為工作的時候多付出了一點興趣、更加認真，而把工作做得比別人預期的要好，所以得到了提升。其實，老闆們雖然不說出他們真實的想法，但總是能很快地發現誰的工作品質更高。他們很注意那些工作力求完美、認真負責、有始有終的員工。

這樣的人才有前途。

小約翰·D·洛克斐勒曾經說過：「成功的祕密就在於把平常的事做得不同尋常。」大多數年輕人並沒有意識到，向上的路其實是他們每天平常的、簡單的工作中良好的表現帶來的。你每天正在做的事情就能為你打開或是關緊通向成功的大門。

每一個成功的人做事都有始有終、精益求精。很多美國人面臨的問題是，他們似乎認為即使自己的工作品質很差、馬馬虎虎、半途而廢，他們也能生產出一流的產品。他們不明白，只有擁有極度的細心和高度的責任心才能成就偉大的事業。

一個沒有恆心、不精益求精並養成這種習慣的年輕人，是永遠不會有什麼大成就的。即使他的頭腦像拿破崙那樣非凡，可如果他養成了做事粗枝大葉、不求精確、半途而廢的習慣，他終將一事無成。

如果我們把目光集中到那些影響了世界的人們身上，我們會發現，就像規律一樣，這些人沒有一個在年輕的時候就引人注目，他們在創業之初也無法預見到自己會有光輝的未來。但與那些被自己的成就沖昏頭腦的年輕人相比，他們能夠踏實地做好每一天的工作，堅持做完手裡的每一件工作，而且做得很出色。他們成功的祕訣就在於決心、恆心、常理和誠實。

精益求精

我們最大的缺陷就在於沒有這種精益求精的態度。我們見過幾個青年男女願意為了自己終身從事的行業認真準備呢?他們得到一點點最基礎的教育、隨便翻一翻書就滿足了，覺得自己已經準備得足夠充分了。

一個畢業於哈佛大學的成功製造商曾經說過:「如果你能做出最好的圖釘，那麼，你的收入將會比製造劣質的蒸汽機更多。」「如果一個人可以能夠比他的鄰居寫出一本更好的書，做一次更好的佈道，或者是製造一個更實用的捕鼠器，」愛默生這樣形容，「即使他住在森林裡，世界也會把路鋪到他的門前!」

你所做的每一件事都是你職業的一部分。如果由你經手過的工作都會被刪減，沒人接手，雜亂無章或被修正，那麼你的個人形象就會受到損害。如果你的工作完成得很糟糕，如果工作是沒有連貫性的，如果其中有不誠實的部分，那麼可以說，你的性格中也會有虛假、偽裝和不誠實。

當我們常常在工作時間偷懶，做出一些有缺陷的材料和馬馬虎虎的服務時，我們也不會有誠實的性格，也不會有完全沒受到玷汙的職業。一個人如果在他的一生中總是做出虛假、劣質和拙劣的工作，他肯定會被認為是一個不完整的人。

學習羅文精神

一百多年前，當美西戰爭爆發後，美國總統必須立即跟西班牙的反抗軍首領加西亞取得聯繫。加西亞在古巴叢林的山裡，沒有人知道確切的地點，無法帶信給他。怎麼辦？

情報局人員對總統說：有一個名叫羅文的人，有辦法找到加西亞，也只有他才能找得到。於是，他們把羅文找來，交給他一封寫給加西亞的信。

當西班牙和美國的戰爭即將爆發之時，最重要的就是讓軍隊的首領得知古巴的戰況。當時，加西亞將軍隱蔽在一個無人知曉的偏僻山林中，無法收到任何郵件和電報。而且，此使命的艱辛更是令人沮喪。軍事情報局向總統推薦了安德魯．羅文，一個年輕的美國陸軍中尉。

羅文中尉沒有任何人隨同前往，直到他祕密潛入古巴島，那裡的愛國者才給他派了幾名當地的嚮導。幾經冒險，最終把信送給了古巴起義軍首領加西亞將軍。

美國陸軍司令為了表彰他的努力，為他頒發了獎章，並給了他極高的讚譽：「羅文出色的成績是軍事戰爭史上最具冒險性和最勇敢的事蹟。」

後來，羅文的事蹟得到了人們的廣為傳頌。毫無疑問，受人們頌揚的，並不是安德魯．羅文中尉的軍事才能，而是他崇高職業的品德。

由此可見，一個人生活在社會中，用一種什麼樣的心態去對待工作，去遵守紀律，去完成任務是非常重要和關鍵的。這也是羅文精神被人們所崇尚的原因。

世界上有各種各樣「送信」的使命，我們每個人都應能擔當著把信送給「加西亞」的角色。任何行業的工作者個個都應該做把信成功地送給「加西亞」的人，都應該是羅文精神的倡導者。具備羅文精神的人，有哪個企業會讓其站在「陰影」裡呢？

羅文精神告訴我們，社會永遠歡迎那些有責任感，有自信心，追求完美，並忠於集體的人。只有具備羅文精神的人，才有可能在職場中成功生存。

責任感是羅文精神的核心。羅文在極其艱難的情況下，能夠把信送給加西亞，充分展現了他認真對待每一件事情，也就是說他的認真負責的態度。我們每一個人，對於不同的事，都有不同的責任。那麼，我們是滿不在乎，還是漫不經心呢？不可！

我們對待每一件事情，特別是意義重大的事情，必須用認真負責的態度全力完成。我們要充分認知到自己身上的責任，它有社會賦予我們的，有公司賦予我們的，有家庭賦予我們的，還有很多很多。我們既然有這樣的責任，就要有勇氣去承擔，想盡一切辦

法去努力，去實現，這也是對我們世界觀、人生觀、價值觀的一個考驗。

責任感是一個人成熟的象徵之一，是一名員工敬業的原動力，更是企業生存發展的地基。只有有責任感的人才能被委以重任，只有有責任感的企業才是顧客的寄託。責任感是羅文精神的核心，是員工職業精神的精髓。

自信心是羅文精神的支柱。自信心是人的常青樹，是事業的不老松。擁有自信，人心不會死；擁有自信，企業不會倒。信心支持人們在逆境中打拚，支持著企業在絕境逢生。企業中的每個員工都對企業具備無上信心，必將為一個崛起的企業插上騰飛的翅膀。

追求完美是羅文精神的昇華。追求完美的人對工作抱著無限的熱情——自覺設定明確的目標，並為實現這一目標披荊斬棘、狂飆奮進。

追求完美的人對工作懷著極度的狂熱——日夜兼程、廢寢忘食，從不患得患失，只求盡善盡美。追求完美的人對工作採取強烈的主動——不拘泥於主管安排、業務分工，不在乎別人的議論——對工作「我的就是我的，你的還是我的」。

忠於集體是羅文精神的引申。所謂的忠於集體，就是謀事忠於其事，事人忠於其人。這也是做人的準則之一。忠於事，就要將事情做到位，要經得起時間的考驗；忠於人，就要事事為集體著想，因為，集體是由人組成的，對事對集體的忠誠歸根結柢就是對自己的忠誠。

羅文精神展現的是一種主動性。當美國總統把一封寫給加西亞的信交給羅文，而羅文接過信的時候，並沒有問：「他在什麼地方？」羅文自己積極主動地承擔了這項工作任務，對於完成任務充滿了信心，而沒有在總統面前表現出一絲猶豫、一絲遲疑，更沒有討價還價。

因此，每一個員工，甚至說每一個社會人，都應該學習羅文這種積極主動承擔任務的精神，對於我們的本職工作，對於我們的職位職責，對於「總統」經過研究交辦給我們的任何事情，都應該積極主動地接受，積極主動地完成，而且要做到迅速、快捷、全力以赴。

羅文精神展現的是一種創造性。羅文中尉在不知道加西亞所在目的地的情況下，能夠歷經千辛萬苦，最終找到加西亞，並把信件交給他，說明了羅文在接受到任務後，對如何完成任務進行了深入細緻的研究，將會遇到哪些困難，如何去克服，如何去改進，而且他能夠根據具體情況，充分發揮創造性，確保了完成工作任務的高效率。

因此，任何一個員工，必須學習羅文開展工作所具有的創造性，緊緊圍繞「新」上下功夫。

❖ **要使自己的思維「新」**：即要做到解放思想，轉變觀念，與時俱進，牢固樹立與時代和社會需要相適應的思想觀念，牢固樹立與企業精神和經營理念相適應的思想觀念，牢固樹立與正確的世界觀、人生觀、價值觀相適應的思想觀念，透過思想觀念的不斷更新，為創造性地開展工作奠定堅實的思想基礎。

❖ **要使自己的工作「新」**：創造性，最主要的就是展現在如何使自己的工作得到創新。我們必須結合實際，扎扎實實地進行努力開拓。要加強學習，學習現代企業管理知識，學習法律、金融、市場經濟等知識，來提升自己的理論知識水準；要刻苦鑽研職位業務，努力成為業務技術能手；根據時代發展的要求，把新知識、新技術、新工藝應用到工作中去，來切實提升本職工作的創新水準。

❖ **要勇於創新**：我們無論做什麼工作，都必須勇於創新。要堅決克服按部就班、墨守成規的工作習慣，杜絕做到哪算哪的現象發生。要勇於實踐，勇於創新，積極探索和挖掘符合企業實際的新的工作方式方法，來提升企業的工作效率，提升企業的管理水準，實現企業的快速健康發展。

出色地完成任務

在羅文把信送給加西亞的過程中，自然有許多意想不到的偶然因素與個人的努力相關聯，但是，在這位年輕中尉迫切希望完成任務的心中，卻有著絕對的勇氣和不屈不撓的精神。這一點當然毫無疑問。但人們更應該意識到，取得成功最重要的因素並不是因為他傑出的軍事才能，而是在於他優良的道德品格，「送信」不僅僅只是一個單純的概念，而是變成了一種具有象徵意義的東西，變成了一種忠於職守、一種承諾、一種敬業、服從和榮譽的象徵。因此，學習羅文的執行力顯得非常重要。

所謂執行力，就是在統一的價值觀指導下，上下一致、全力以赴地做事。而執行力強大的公司無一例外都取得了成功。

二戰後，日本的松下幸之助、盛田昭夫、本田宗一郎等請美國的管理學權威戴明博士到日本去演講，他們請教戴明博士如何使他們的企業強大。戴明博士給了他們一句話：每天進步百分之一。這些日本總裁們真的乖乖地按戴明博士的話去做了，現在我們知道松下、索尼和本田是多麼的成功。

後來，福特找到戴明博士問他：你教給了日本人什麼？為什麼他們的汽車把我們打

得一塌糊塗？戴明博士依然一句話：每天進步百分之一。福特最終也成了一方霸主。

德雷克．鮑克認為，身為職場中人，做事之前，不要講條件；事未做成，不要解釋原因。也許有人會問：缺少條件，如何做得成事情？這裡有一個深層的理念被大多數人忽略了。一個成功的企業不是因為一大堆做成的事而構成一個結果，而是因為有一群人向同一個方向不停地努力而形成的一種狀態！

員工身為決策層的執行者，當企業沒有給你提供你做事所需要的條件時，十有八九因為企業不具備這些條件，而希望請你來另闢蹊徑，找到通向成功的另一條路。

每一個員工所面臨的困難，也正是企業所面臨的困難。你不去解決，企業也要另派人去解決。從這個意義上講，每一個職員都有責任和義務去克服自己眼前的困難，千萬不要找理由，因為每一個人都會很輕易地為任何一件事找出種種無懈可擊的理由。

找理由是一件多麼容易的事，但是「市場不相信眼淚」，重要的是主動點，先做起來！

我們絕大多數人都必須在社會組織中奠基事業生涯，只要你還是公司的一員，就應該拋開任何藉口，投入自己的忠誠和責任，一榮俱榮，一損俱損！當你把身心徹底融入公司，盡職盡責，處處為公司著想，對投資人承擔風險的勇氣報以欽佩，理解企業主的壓力，那麼任何一個老闆都會視你為公司的支柱。

忠誠帶來信任，你將被委以重任，獲得夢寐以求的廣闊舞台。無數的公司、企業、系統都在尋找能夠把信送給「加西亞」的人，以塑造自己團隊的靈魂。「送信」早已成為一種象徵，成為人們忠於職守、履行承諾、敬業、忠誠、主動和榮譽的象徵。

我們每一個人似乎也在期望自己能夠成為一個把信送給「加西亞」的人，對於自己的工作，進行反省和自我反省，找出不足，彌補缺點，並尋找一個更有效的途徑，去完善它，爭取將它做得更完美。

我們並不是羅文，也不可能再去「送信」，但我們可以用「羅文精神」來激勵我們做每一件。完成每一件工作時，都要以主角的態度去做，發揮自己的主觀能動性，爭取做得更好、更完美。

羅文的執行力是什麼？哈伯德告訴我們：執行力是不用別人告訴你，你就能出色地完成工作。

想一想，我們自己是屬於哪一種人呢？當你的上司委派給你一項任務時，你是否會反問數個「為什麼」？譬如：為什麼要我去做？這是我的工作嗎？該怎麼做？急不急？而且就算得到了答案，也不能很好地完成任務。

每一位職場中人，都應有徹底執行的精神，哪怕現在不是，只要我們努力去朝著這個目標前進，定會為自己未來的工作事業帶來莫大的收穫。

哈佛商學院的傑森．魯伯博士認為，大力提倡主動進取的工作精神，並形成一種制度，工作中採取你追我趕、力爭上游的工作好風尚。這對企業，對個人在職場上的成功發展都是很關鍵的。

多體諒老闆的難處

我們知道，人似乎天生就有一種鋤強扶弱、劫富濟貧的心態。對那些超越我們、管理我們的人天生有一種衝突情緒。很多人會不自覺地認為，富人之所以富有，是對窮人的剝削。在今天，我們雖然跨過了那個極端的年代，但是，這種財富的原罪觀始終沒有從人們的頭腦中消除。

也許我們的確應該同情那些無家可歸的弱者，但是，我們卻不應該將責任全部歸咎於老闆。從表面看，他們擁有巨大可支配的財富，但他們所享受和消費的並不會比我們多，需要看到的是，他們付出了比普通人多得多的心力。

多體諒老闆的難處

從某種意義上說，他們是更值得我們「同情」的人——「同情」他們即使下班鈴聲響過很久，他們都無法放下手上的工作；「同情」他們因為努力去使那些漠不關心、偷懶被動、沒有良心的員工不太離譜而日增白髮；「同情」他們忍受社會及員工不公正的評價和議論。那些指責老闆的人並沒有意識到，如果沒有老闆的辛勤努力，許多人的命運不一定會更加美好啊？

當你為他人工作時，往往會認為老闆太苛刻；而一旦自己成為老闆時，就發現員工太懶，太缺乏主動性。其實，什麼都沒有改變，改變的是看待問題的角度而已。

成功守則中最偉大的一條定律：待人如己。也就是凡事為他人著想，站在他人的立場思考問題。當你是一名雇員時，應該多考慮老闆的難處，給老闆多一些同情和理解；而當自己成為一名老闆時，則需要多多考慮雇員的利益，多一些支持和鼓勵。

經營和管理一家公司是一件複雜的工作，會面臨種種繁瑣的問題。來自客戶，來自公司內部巨大的壓力，都會給老闆帶來種種困擾。更何況老闆也是普通人，有自己的喜怒哀樂，有自己的缺陷。他之所以成為老闆，並不是因為完美，而是因為他自有其某種特殊的「天賦才能」和不畏艱難險阻的勇氣……

大家在今後的工作過程中應產生一種全新的思維方式和工作理念，更好地平衡好自

己的心態，拋棄聽命行事的工作方式和投機取巧的思想，從而有利於大家實現直接的自我超越！

道理很簡單：要不是不做，自己有本事的話就自己做老闆好了！不然就是把每件事情（無論大小事情）做好，對得起自己，也對得起別人！

「自動自發地行動，但要為你的行為負責任！澆熄個人動力的才是成就的敵人！」

大家都知道，新經濟或者說是訊息經濟風起雲湧的當前，競爭日益激烈的今天，企業應該怎麼樣來確保一支勤奮、敬業、忠誠、自信的員工隊伍推動企業的穩健發展？應該如何在競爭激烈的狀態下保持健康、穩定、精銳的團隊來確保企業一貫文化的傳遞與執行？應該如何在種種新概念與新潮流的衝擊中給予員工歸屬感、安全感、榮譽感、成就感？都是企業已經面臨並要及時給予回答的問題，這些問題的適時解決直接與每個企業的人員息息相關，因為一個企業財富創造的程度直接取決於它到底擁有什麼樣的員工隊伍，擁有什麼樣的企業文化，擁有什麼樣的企業價值觀……

無可厚非，任何一種文化習慣的培養都是瑣碎而枯燥乏味的，任何一種好習慣的養成都是要經歷艱苦的「與自己鬥爭、與傳統叫勁、與自己革命」的艱難歷程，我們倡導「自動自發」的行動，我們更倡導有行動的同時也要有為自己的行動負責的準備！

但我們相信：從細小的地方開始的艱苦努力是我們取得成功的關鍵和立足點，我們也堅信無所畏懼、勇於打拚的性格將會鼓勵我們勇往直前地走下去，在我們的自動自發中，在我們的兢兢業業的工作中，在我們超越自我、完善自我的決心中……

對待工作，要永遠保持勤奮的工作態度；對待公司，要將敬業變成習慣；對待老闆，要予以忠誠；對待自己，要有自信。現實社會有那麼多的細節是自己平時所沒有注意到的，甚至是不屑一顧的，而這些細節，恰恰是你升職，是你成功的關鍵。

道尼斯在為杜蘭特先生工作的過程中發現，經常是所有人都下班了，杜蘭特先生仍然會留在辦公室繼續工作到很晚。於是，道尼斯也決定下班後留下來。當然，沒有人要求他留下來，但正因為他留下來了，工作時杜蘭特先生要找文件，影印資料的時候，道尼斯總能適時地出現。

漸漸地，杜蘭特先生養成了招呼道尼斯的習慣。也就是說，不知不覺間，道尼斯成了杜蘭特先生的左右手，同時，道尼斯也理所當然地晉升了，因為他得到了老闆的關注。

這樣的故事告訴我們，其實工作不一定是為了薪水。就算道尼斯到最後沒有被晉升，但他在幫助老闆的過程中也學到了很多東西，個人的工作經驗累積要比所謂的薪水來得重要。很多時候，我們習慣了拖拉和逃避，習慣於權衡眼前利益，從而失去了比這

些更為重要的東西。

「公司與員工並不是對立的」。當我們站在老闆的立場上就會明白，付出與收穫是成正比的。「少一點埋怨，每天多做一點」，那麼你就會發現，自己變得不可替代，那個時候，你不再斤斤計較所謂的薪水，你只會在乎工作完成的程度是否令自己滿意，自己是否又有了某方面的成就。薪水，在這個時候，成了展示成就的一種符號。

年輕時總會有夢，但在繁瑣平淡的生活、工作下，很容易磨平志氣。有些人，不滿於薪水低而對工作敷衍了事，於是，那些年輕時的夢想開始湮滅，生命開始枯萎，一生只能做個平庸且心胸狹隘的人。其實，當你換一種心態面對工作，一切又會是另一番結果。不要為了薪水而工作，還有比薪水更重要的事情。首先，找一份自己感興趣的工作。如果確實找不到適合自己的工作，那就先喜歡你的工作吧，每一項工作都可以做出成就來。這才是成功的最高境界。

不要埋怨，以平和的心態對待每一件事，你會發現其實很多時候都是自己想得更多了，世界並沒有那麼複雜。所有的衝突歸根到底就是不完善的溝通。主動與他人溝通，表達自己的想法，是他人認識自己的途徑，也是自己得以順利完成任務的關鍵。勇敢的表達，虛心的傾聽，將會使你的工作更加順利完成。

多體諒老闆的難處

人們可以為一個陌路人的點滴幫助而感激不盡，卻無視朝夕相處的老闆的種種恩惠，將一切視之為理所當然，視之為純粹的商業交換關係，這是許多老闆和員工之間衝突緊張的原因之一。事實也確實如此，很多時候，人們會說，老闆對你好，是因為他希望你能夠為他創造更多的價值，更多地去利用你——其實這無可厚非，世上任何事都是有因果的，就如別人對你好、幫助你，當然不會無緣無故，很多情況下是你有值得別人對你好、值得別人幫助你的地方。

老闆對我們的好，當然有「目的」，就是希望你更強，能夠做更多的事情……而這又有什麼不好呢，因為同時，你自己也變得更強，能夠做更多的事，這是一個雙贏的結果，我們又怎麼能夠因為「短淺」地認為「受利用」了而不願意為自己、他人創造價值呢？為了計較短暫的得失而消極地看待、對待事情，是極不明智的做法。

從這我們可以類推出，人與物之間，很多東西是相通的。在現實中，一個人的價值是展現在別人對自己的「利用」上，一個人被人「利用」得越多，也就展現了他自身價值越大！

世界有時是很現實、很經濟的，但就是這麼一個世界，一樣能夠發現許多許多美好的事物，更何況人與人之間呢？我們畢竟是社會人，應該明白每個人都不容易，茫茫人

海能在一起共事也是一種緣分，多站在對方立場上為對方想一想，多理解一下對方的處境，你還會認為和老闆的關係僅僅是赤裸裸的經濟利益關係麼？如果你理順了種種衝突，你就會自動自發起來。

以積極的心態做好本職工作

有一次，麥當勞的創辦人在某商學院做講演時問學生：「誰知道我們是做什麼的？每個學生都回答是做速食的，因為麥當勞就是賣速食的。可是答案卻出乎了所有人的意料：「麥當勞是做地產生意的，我的職業是做速食，可是我的事業是做地產生意。我的最大的資產不是速食給我帶來的利潤，而是地產帶來的保值增值！」

很驚訝吧？其實也沒什麼了不起，每一個傑出卓越的職業者都會有如此的眼光和遠見卓識，在努力做好本職工作的同時，透過它看到了更偉大的未來，看到了事業的前景。

每一個在職場中想成功生存的話，都應牢牢地記住這一點——用具有前瞻性的眼光和睿智的思考來對待自己目前正在從事的職業，用事業的態度來做好職業工作，在做好職業工作的同時開拓自己的事業。這裡職業是基礎，事業是發展。也只有用做事業的態度來對待自己的工作，才會在職業的發展中不斷取得進步，超越自我，達成自己的事業規劃。

生存職場的人因為前途堪憂、待遇不公、工作不順而生出了諸多的怨言和憤怒，也正是這些怨言和憤怒使得我們的職業生涯受到了許多的障礙，遭遇了許多的困難和挫折，使得我們一次次從頭再來，一次次又失敗而去，總是在低層次徘徊，長時間得不到突破和晉級。

在一家公司服務，與其說你是被老闆聘用，不如說是被自己聘用。老闆經常強調的是為公司負責。站在老闆的角度上，這個觀點是對的，因為老闆是公司的真正主人，員工在公司工作，老闆要求員工為公司負責也是合理的。

但身為員工，首先要樹立為自己負責的觀念。如果連為自己負責都做不到，就不可能為公司負責。如果你連自己都無法聘用，就不可能較好地被他人聘用，因為沒有哪家公司願意聘用一個對自己前程極不負責的人。

工作生涯中，不要總是想著自己做好了，老闆是最大的獲利者，是「好了老闆，苦了自己」。其實，你自己才是最大利益的獲得者，因為，不論是經驗的累積，還是技能的提升，在為老闆服務過程中，你練就了職場生存的本領，這是你馳騁職場的無形資

產，而老闆不過是從你身上「榨取了一點點剩餘價值」而已。面臨職場的挑戰，自用之人，做到聘用你自己，除了積極面對之外別無選擇，相反地，你應該感謝老闆的是，他給了你一次寶貴的提升自己的機會！

從事業的眼光看待職業工作的話，我們就會少了一些怨言和憤怒，多了一些積極和努力，多了一些合作和忍耐，在一次次的超越過程中，我們不斷拓寬了自己的視野，更能從中領悟了一些道理，多了一些本領和技能。在求職或者走出組織建立自己的事業的時候，就不會因為學識淺薄、技能單一而害怕和退卻，而是勇往直前，戰無不勝的勇氣和面對困難和挫折的冷靜。

職業做好了，事業才有了成功的基礎，職業生涯帶給我們的經驗與體驗一定能夠幫助我們在未來的事業上取得成功。所以我們在從事自己的職業的同時，別忘了給自己確立明確的事業目標，別忘了自己所有的職業努力都是為了以後能有一份自己的事業，能夠更好地做好自己的事業！

以事業的眼光和態度做好職業，職業的發展和進步幫助自己取得事業的成功，這似乎成了一個不可或缺的鏈條，實踐也證明，只有打造好了職業生涯，我們才有可能建立更加牢固的事業。

以積極的心態做好本職工作

德雷克．鮑克告誡職場中人：別忘了你是為了自己的事業而在組織裡從事職業並完善職業生涯的，以事業的眼光和態度對待職業，關注自己的事業！

但是，一位職業者應該如何建立這種心態呢？

為別人做事，態度是都不可能積極，也永遠都做不好，除非是佛陀。只有為自己做事，才有不竭的動力。職場中人只有樹立不靠天，不靠地，唯一靠得住的是自己的觀念，換句話說就是要經營你自己。

如何自己經營自己呢？就是自己了解自己，是自己聘用自己，積極主動地為自己前程負責。只有這樣的人，才有可能發揮自己的潛力，最終開創一番事業。職場中人，不管是創業當老闆，還是上班做白領，如果不能學會自己聘用自己，自己為自己負責，就不可能創造出輝煌前程。因為自己為自己負責的人能主動地意識到危機的存在，能在居安思危中主動地化解危機。

透過對事業傑出者的成功原因調查中發現，傑出者無一不是聘用自己之人，成就卓著的人更注重的是如何提升自己的能力，而不是考慮怎樣擊敗競爭者。事實上，對競爭者能力的擔心，往往導致自己擊敗自己。

聘用你自己，積極主動地迎戰職場出現的各種艱難險阻，就會真正成為職業的主

人。做到聘用自己的關鍵是要對自己的未來負責。

責任感需要靈活和適應性的策略來輔佐，這些策略包括：

首先，分析公司目標、特點和策略從而提升自己在公司的價值，然後推算如何才能為公司做出具體的貢獻。

第二，一旦你對現在的工作駕輕就熟，就要申請新的任務或承擔新的挑戰，不斷為自己設定新的目標。

第三，不要等著別人評價你的工作，每隔三個月找你的主管談一次，直接聽取他對你如何改進工作的建議。接受意見時心胸要開闊，把它作為學習的機會。主動尋求回饋意見，能顯示你虛心好學的態度。

第四，第一次評價之後，都應把業績的進與退記錄在案，並在日後進行總結改進。

第五，學習新知識，與現在的科技保持同步。網絡時代的今天，需要我們用網際網路知識來武裝自己。

第六，透過在單位的積極表現，增加你的知名度，使你成為核心成員，多幫助他人，使你更受大家歡迎。

第七，研究人的性格、行為特點及類型，創造良好的人際關係。

第八，二到五年變換一個工作職位，有時橫向的變動比晉升對你的事業更有利。擁有創業者的決心，選擇挑戰最大的職位。

第九，勇敢向困難與挫折挑戰，並對自己的未來充滿自信。

第十，願意重新定位，考慮更遠大的前景。如果你現在的定位不夠成功，不妨觀察一下你身邊的其他機會。在家門口找機會比在遙遠的地方更容易、更便宜，所以搬到一個機會不多的地方去發展是不明智的，哪怕是為了一份好工作。

不複雜的工作中保持清醒

許多職業者從早忙到晚，感覺自己一直被工作追著跑。但仔細觀察他一天的工作，你會發現，他的忙亂也許不是因為工作太多，而是因為沒有重點，目標不清楚，所以才讓工作變得越來越複雜，時間越來越不夠用。在訊息龐雜、速度加快的職場環境裡，我們必須在越來越少的時間內，完成越來越多的事情。

在如今越來越複雜與緊湊的工作步調中，「保持簡單」是最好的應對原則。「簡單」來自清楚的目標與方向，你知道自己該做哪些事，不該做哪些事。

職業生涯顧問專家比爾．強森根據多年的調查研究發現，現代人工作變得複雜而沒有效率的最重要原因就是「缺乏焦點」。因為不清楚目標，總是浪費時間重複做同樣的事情或是不必要的事情；遺漏了關鍵的訊息，卻在不重要的訊息上浪費了太多的時間；抓不到重點，必須反覆溝通同樣的一件事情。

德雷克．鮑克也認為，無論是自己創業，還是職場打拚，避免讓工作追著你跑是很重要的職業策略。但是，應該如何在越來越複雜的工作中保持簡單呢？

第一，搞清楚工作的目標與要求，避免重複作業，減少錯誤的機會。你必須理清這樣幾個問題：我現在的工作必須做出哪些改變？應該如何開始我的工作？我應該注意哪些事情以避免影響目標的達成？有哪些可用的工具與資源？

第二，懂得拒絕別人，不讓額外的要求擾亂自己的工作進度。對於許多人來說，拒絕別人的要求似乎是一件難上加難的事情。拒絕的技巧是非常重要的職場溝通能力。

在決定你該不該答應對方的要求時，應該先問問自己：「我想要做什麼？或是不想要做什麼？什麼對我才是最好的？」對這些問題你必須慎重抉擇，如果答應了對方的要求是否會影響既有的工作進度，而且會因為你的拖延而影響到其他人？而如果你答應了，是否真的可以達到對方要求的目標？

第三，排定工作的優先順序，這樣可大幅減輕工作負擔你每天手邊都可能有一大堆工作，而且還有可能會有更多的工作壓在你的身上。這些事都是不得不做的，凡是都有先有後。因此，你有必要列出各種工作的優先級。此外，你應該向老闆以反映一下真實情況，如果你不說出來，老闆會以為你有時間做這麼多的事情呢。老闆有時是需要提醒的。

第四，報告時要有自己的觀點，只需少量的訊息即可讓老闆感到滿意。多數人在向主管或是老闆報告時，總是擔心訊息不夠多。根據商業心理顧問公司的心理學家約翰．維佛所進行的研究表明，有百分之十到十五的人在面對老闆時會有恐懼的心理，而且如果向老闆報告時手中的數據不夠多，感到恐懼的人數比例又會更多。

其實，這種擔憂是多餘的。太多的訊息會變得沒有重點，如果又缺乏解釋，對於老闆一點幫助也沒有。「內容精簡，切中要點，最重要的是能夠幫助我快速地做決策。」這是比爾．強森詢問多位資深主管對於簡報內容的要求時所得出的普遍性結論。

你要做的是利用重要的訊息或是數據提出解釋，一定要有自己的觀點，而不是模稜兩可的描述。向老闆報告時，要能精準地掌控時間。

第五，簡報時增加互動的機會，可縮短簡報的內容與報告的時間。真正成功的簡報

在於清楚而正確地傳達訊息，創造溝通與對話的機會，進而讓對方因為你的簡報內容而改變思維、決策或是行動。因此，重點不在於簡報，而是溝通的品質。你不只是「報告」，而是要引發雙向的對話，試圖影響對方。

在做任何的簡報之前，你必須思考以下三點原則：希望聽眾聽完簡報之後記得哪些重點？聽眾會有什麼樣的感受？你希望他們聽完簡報之後有什麼樣的決定？

最好的開始方式，就是把聽眾想知道的重點轉換為問題，這樣不僅可以立即吸引聽眾的注意力，更可以大幅度地減輕你的工作負擔。簡報的過程不應只有你一個人在說話，提出問題，可以讓你和觀眾有互動的機會。這樣一來，五十分鐘的議程你只需要準備三十分鐘的簡報內容，其餘的時間應該是與聽眾互動。

第六，有效過濾郵件，讓自己的注意力集中在最重要的訊息上。正確的過濾流程，第一步是先看信件主旨和寄件人，如果沒有讓你覺得今天非看不可的理由，就可以直接刪除。這樣至少可以刪除百分之五十的郵件。第二步開始迅速瀏覽其餘的每一封信件的內容，除非信件內容是有關近期內（例如兩星期內）你必須完成的工作，否則就可以直接刪除。這樣你又可以再刪除百分之二十五的信件。

第七，郵件內容盡量精簡，節省寫信的時間並增加對方回應的機會。「最容易閱讀、理解與回覆的信件，最吸引我的注意。」這是強森在實施「追求簡單」的研究計畫時，一位資深主管對於電子郵件使用習慣的回答。

你必須利用最小的空間、最少的文字，傳遞最多、最重要的訊息，而且必須更容易閱讀，節省對方的時間。

第八，當沒有溝通的可能時，不要浪費時間想要改變。不論你提出什麼樣的想法或意見，每一次都是吃了閉門羹。如果真的遇到這樣的主管，完全沒有溝通的可能時，這時候你就不必再浪費時間或精神做無謂的溝通或是嘗試改變。這時你必須做出選擇：你是否能夠接受這樣的工作環境，凡事只依照主管的意見做事，還是你比較喜歡有自己發揮的空間。這是選擇的問題，無關乎好與壞。

第九，只要取得信任，不需要反覆的溝通，同樣可爭取到你要的資源。老闆對你的信任來自你解決問題的能力。所以，你必須從不同的角度去思考：什麼是讓你的老闆感到最頭痛的問題？是無法依照原定計畫完成，還是無法掌控情況，對於未來感到不確定？是希望員工能夠做得更多，以降低成本？當你在爭取預算時，必須先想清楚老闆可能擔心的問題，作為你說服老闆的理由，這是最有效的。

而且，不要只強調你的單位或是部門的需求，你爭取預算的目的是為了幫助老闆解

決問題，達成目標。所以，你的重點在於老闆所擔心的問題，而不是預算數字。

當你第一次提出要求時，最重要的是讓老闆了解你的提案，會議時間越短越好，最好不要超過十五分鐘的時間。千萬不要在第一次提案的時候就直接要求需要多少預算，這樣通常不會有太高的成功率。你的目標應該是有第二次討論的機會。如果老闆願意再次討論預算的問題，通常成功機會可高達八成以上。

第十，專注工作本身，而不是業績評量的名目，才能真正有好的表現。

你要做的只有以下兩件事情：

其一，至少每個月詢問你的主管：「我做得如何？」盡量提出具體的問題，例如：「老闆對於我所排定的進度是否有什麼意見？我想會議流程非常順暢，你認為還有地方要改進的嗎？」

你應該隨時和主管溝通自己的工作表現，而不是只有在每年一次的業績評量，這樣你可以事先知道自己的缺點在哪，及時做出改正，同時也可以了解主管的期望。

其二，至少每個月詢問：「原先的工作安排有沒有必要調整？」也許你的目標是在年初，甚至是前一年年底所定下的，然而外在的環境有所改變，先前所設定的目標勢必做出調整，所以應該隨時確認最優先的目標是哪些。

職場戒律

成功，是每個人的渴望。基層員工想升主管，基層主管希望有朝一日當上副總或總經理，總經理希望有一天能成為集團總裁。但是，有些人就是沒辦法成功。而許多才華溢、學歷完整、頂著人人稱羨的職位與頭銜的人，卻因為某些個性特質，讓他在邁向成功的關口，沒辦法突破瓶頸，更上一層樓。

美國哈佛商學院MBA生涯發展中心主任，華道普博士(Dr. James Waldroop)與巴特勒博士(Dr. Timothy Butler)，接受《財富》五百大企業委託，提供諮詢顧問或教練，協助那些明明被看好，但卻表現不佳，快要被炒魷魚的主管；或是即將晉升到最高階層，但是卻有個性特質的障礙；或是表現不錯，但是潛力仍待發揮的企業員工。此外，他們也長期輔導哈佛大學商學院的畢業生。二十多年來，華道普與巴特勒輔導了上千個個案。

為什麼有才華的人會失敗？為什麼有才華的人表現會不如預期？關鍵在於你的行為模式。

第一，學會在苦差事中潛水。大多數年輕人最初擇業時，應該經歷一番辛苦繁瑣、

單調乏味的工作：為日理萬機的老闆跑跑腿、整理他（她）通訊錄什麼的。對別人來說，這可能根本就談不上是什麼職業，但你必須把現在的工作當成你漫漫求索之旅的重要起點。

第二，樂於接受並主動要求分外的工作，但要適度。在展銷會上，你可能還不夠格代表公司，但別讓他們忽視任何你所樂於承擔的工作。如果對如何更好地統合本部門有些創意，大膽說出來。但記住一點：完全有能力處理自己所要求的工作，或能夠全力投入。要想取得真正巨大的成功，千萬別做有違你性格的事，別鼓動朋友或老闆過早地給你一個大顯身手的機會。做一個稱職開心的雇員，在職位上努力不懈，多承擔分外的責任，學習踏實，一步一個腳印。這樣，你一定會贏得應有的認可。

第三，早到遲退。準時露面。對任何雇員來說，準時準點或者早到是一個最重要的法則。

第四，只管做。你的工作還沒取得什麼實質性進展，要想引人注目又受人愛戴的話，有一個絕對可靠的辦法——馬上處理手頭上任何事情。

第五，雄心勃勃，但絕不張揚。真正的成功，除了智慧、人格魅力加努力，沒有別的替代物。你應該暗地裡雄心勃勃，隨時睜大眼睛四處瞄瞄有沒有合適的空缺，伺機而發。事實上，原動力和奉獻是帶來成功和喜悅的最好「進攻」策略。

第六，讓上司臉上有光。你的工作就是要讓主管臉上有光，同時又達到自己的目的。別每做一件事都企求回報，通常他（她）自然會有所考慮，主動去要求就有失穩妥。如果你的主管做得相當不錯，人氣很旺，而且正在往上升，她很可能會提攜你。雖然你沒有因為以前的成績得到嘉獎，但什麼也沒錯過。人們自然會關注出色的幹將，好口碑總會盡人皆知。

第七，學會接受重創。世界上最成功的人士同時也是最脆弱的。娛樂界的超級明星們被評論家無情抨擊，有受傷害的時候；總統在報紙上被詆毀中傷，有退縮的時候。如果你對任何事情都充滿熱情，那麼你也會不止一次地受到無辜的傷害，但完全沒必要為此憂心忡忡，你應該學會把受到的傷害轉化成推動下一個目標的力量。

第八，與他人友好相處（尤其是老闆！）。友好順暢的同事關係是你的成功的百分之五十（甚至百分之六十或七十），但這不僅僅意味著你只要合群、風趣或「有人緣」就萬事大吉。

波士頓的心理學家哈里說過，商業圈裡很多聰明能幹的才子佳人，一朝得意，最終失敗，致命原因通常是性格過於張揚，親和力太小，磨擦力太大。

第九，切勿眼高手低。我們常常聽說：「這些工作真無聊。」這些人常希望年紀輕輕就功成名就，但是他們又不喜歡學習求助或徵詢意見。因為這樣會被人以為他們「不勝任」，所以只好裝懂。而且，他們要求完美卻又時常拖延，導致工作平庸而癱瘓。記住：自我檢討一番並且學會失敗。

第十，掌握分寸。不懂分寸的人不知道哪些可以公開講，哪些只能私下談。也許他們都是好人，沒有心機。但是，在講究組織層級的企業，這種管不住嘴巴的人，只會斷送職業生涯。所以必須隨時為自己豎立警告標示，提醒自己什麼可以說，什麼不能說。

相信自己

也許你沒有上過哈佛大學，沒有名牌大學的學歷，但這一切都不是構成你失敗的因素。一定要堅信自己，丟棄「我家是藍領階層」的悲情。除非我們在任何一件事情、任何一個地方都能獲得成功，否則我們怎麼能稱自己是無所不能的呢？沒有什麼比透過自

相信自己

己的本事做成一件大事更讓人興奮激動的。誰動搖你做事前的決心，誰懷疑你的能力，你就要把他視為敵人或者無知的人。

不論別人怎樣看你，你都不能對自己失去信心，一旦你喪失了信心，你就不可能再獲得成功。沒有哪個成功人士是缺乏自信的，當然有時候的遲疑並不一定是缺乏自信的表現。

拿破崙帶領他的隊伍翻越阿爾卑斯山時，他命令隊伍原地休息，而自己開始重新斟酌這次的行動。那時的他並不是對自己的決定和能力沒有信心，而是想在做每一件大事前都有盡可能大的把握。

人類文明史上的奇蹟都是人們滿懷信心和希望才創造出來的。如果人類懷疑自己征服大自然的能力，懷疑自己的生存和發展能力，我們現在也就不可能有這麼光輝燦爛的文明史。

如果你從不期待成功，從不相信自己，那麼擺在你面前的永遠都是一連串的「不可能」。對自己有信心，意志堅定，這是獲得成功的前提條件，正如一條河需要有源頭一樣，期待、自信和不懈努力就是成功的源頭。

不論你受的教育有多高，也不論你的智商有多高，對於一個沒有信心和耐心的人來

說，永遠也不可能獲得成功。相信自己能做到，你就可能做到；相信自己做不到，你收穫的永遠是失敗。

別人怎樣看待你、你的計畫或者目標都不是很重要，即使他們嘲諷你自不量力，痴人說夢，你也不能懷疑自己的能力，也不能喪失信心。記住：不要讓任何人、任何事物來動搖你的意志和決心。也許你會一時失去財富、健康、名譽、失去別人的信任等等，但只要你對自己還有信心，只要你沒有放棄自己，那麼你就有希望重新獲得成功和快樂，獲得別人對你的尊重和信任。

一個普通的法國士兵為了不耽誤軍機，快馬加鞭，連夜把信送給拿破崙將軍。可是不幸的是。這位士兵的馬被累死了。拿破崙於是親自把這位士兵扶上自己的戰馬，士兵激動地說：「我從來沒有想過自己會有這樣的榮譽。」

拿破崙拍拍他的肩說：「對於一個優秀的法國士兵來說，沒有什麼是不可能的。」同樣，對於進化到二十一世紀的人類而言，誰都可以獲得自己想擁有的，沒有誰天生就是「藍領」。

很多人總是不時提醒自己要面對現實，不要做「白日夢」。他們常常感嘆自己技不如人或者生不逢時，卻從來不願對自己說「我也可以！」。事實上，他們中的很多人都是相當有能力和潛力的，但是他們缺乏自信心，所以他們也就不可能看到自己身上的亮點。

為什麼很多人都不能充分發揮自己的才能呢？排除客觀原因，最主要的因素就是人們總是太小瞧自己的能力了。就像一個人本來可以搬十塊磚，但是他卻認為自己只能搬動五塊磚，也從不嘗試自己是不是可以搬更多的磚。不去嘗試，不去努力，你永遠也不可能知道自己到底有多大的本事，多大的潛力。

如果你總認為自己不可能做得像別人那樣好，總把自己看成弱者，那麼你的人生會因為你的錯誤認知而變得黯淡無光，失去了它本應有的色彩和光亮。自信、樂觀又勤奮的人會贏得精彩的未來和人生，因為他勇於做夢，也勇於追夢。這樣的人注定會比一般的人實現更多的夢想。

我們常常會聽到有人說：「這個人真了不起，不論他做什麼，他都能成功！」這一句簡單的讚賞的話語卻包含了人們對他的無比信賴和欽佩之情。而這樣被人們讚賞的人其實都是很自信的人，他的自信和成功又會讓他贏得更多人的信賴，從而他又會擁有更多的自信。這就是一個神奇的循環。

相信自己

歷史上很多將軍總能帶領他的軍隊打勝仗，其中一個重要原因就是不僅僅是他的士

兵對他的指揮充滿了信心，就連他的敵人都太信任他。在敵人的眼裡，這位將軍所率領的部隊是所向披靡、攻無不克、戰無不勝的。一支在戰前就輸掉了信心和鬥志的軍隊，你又怎麼可能讓在戰爭中取得勝利呢？

拿破崙曾說：「信心和鬥志可以使我們的兵力增強兩倍甚至是三倍。」

很多人並不是被別人打敗的，而是被自己給打敗的。對自己沒有信心，對自己沒有什麼期待。即使對碌碌無為的生活感到很不快樂，也不願意透過努力去改變現狀，因為他們對自己的能力總是懷疑，他們太畏懼失敗了！

如果你總是懷疑自己的能力，如果你總是動搖自己的決心，如果你總認為別人比你強，如果你的字典裡根本沒有「自信」這兩個字，如果你認為膽小懦弱是你的天性，那麼你注定會失敗，注定不能超過他人。除非你能把阻擋你前進的「懦弱、害怕、懷疑」等等都從你的腦子裡趕走，你才可以真正贏得你的未來。

力量不僅是一個強壯與否的問題，它還與你的信心和毅力有關，當你義無返顧地為自己的理想奮鬥的時候，你就有了最大的力量，而這些力量將推動你攀上成功的金字塔。

很多人之所以告訴自己不要編織什麼夢想，關鍵是他們擔心美夢難成。可是，一個從來沒有嘗試過實現夢想的人，又怎麼能斷言美夢不能成真呢？世界上很多偉大的發現和成就最初都只是存在於那些「幻想家」的頭腦裡，只不過是因為這些幻想家從沒有因為一時的失敗而絕望，從來沒有放棄過努力才使這些夢想成為了舉世矚目的現實。

當人類開始擁有自己的文明史的時候，自信就一直在發揮著神奇的功效。它幫助那些傑出的發現者、發明家鼓足勇氣，堅持不懈，經歷磨難，度過難關；它使世界上那麼多不可能的夢想能夠得以實現。萊特兄弟對自己要做的事情非常有信心，所以即使沒有先進的科技，即使周圍充滿了譏笑和諷刺，他們依然堅持做著自己的試驗和發明，最終發明了飛機，人們千年的夢想終於成真，他們真的可以和鳥一樣穿梭於藍天白雲之間。

人遇到的最大對手就是自己。很多人可以戰勝別人，但卻敗於自己。對於一個缺乏自信的人來說，他最大的任務就是戰勝藏在自己心底的恐懼、懷疑和憂慮。你越小瞧自己，你就越做不成什麼大事，但是如果你總是鼓勵自己，給自己信心和力量，你就會向越來越高的目標前進。

你對自己、對生活越有信心，你獲得的也就越多；反之，你越沒有信心，你獲得的就越少。你的能力與潛力到底能發揮多少，這些都與你的自信心有很密切的關係，當然所有的這一切又與你能否獲得成功有很大關係。一個人如果只相信「藍領」是他一生的

職業，你又怎麼可能希望他會升遷？誰又敢對這樣的人付予重任呢？

每個人都應該對自己有所期待，都應該為自己設定前進的目標。難道你從來沒有想過自己應該成為什麼樣的人，自己應該擁有什麼樣的生活嗎？當你為自己設定了前進的目標，你就要全心全意地投入其中，絕不能三心二意。因為只有當你集中精力去完成一件事情時，你才有可能做得最好。

為什麼小小的釘子可以鑽進堅固的牆壁？因為它將力量凝聚到了一點。為什麼用雷射可以切割世界上最堅硬的物質——鑽石？因為它將光聚集在一起。所以要想成功，你必須做到全力以赴。

許多人的生活總是黯淡無光，因為他們從來沒有憧憬過，從來沒有感受過透過自己的努力而夢想成真的喜悅和激動，從來沒有為自己的成就而感到驕傲自豪的經歷。

如果你想獲得成功就要有破釜沉舟的勇氣，不給自己留任何的後路，只能勇往直前。這時候的你不能對自己有任何的懷疑，不能讓自己有任何的恐懼心理，要堅信自己的選擇，也要堅信自己一定能夠成功。

為什麼我們之中的很多人都不可能成就一番大事業，因為他們對自己沒有什麼信心，對自己的選擇沒有把握，他們害怕冒險，擔心失敗，他們在做每一件事情或者做某

相信自己

一個決定的時候總是給自己留有後路，所以他們也就不可能做到全力以赴。

謹慎本來是件好事，但過於謹慎就會猶豫不決，畏首畏尾，錯失良機，反而成了壞事。每個人都應該擁有自己的夢想，每個人也應該努力地追求自己的夢想，而且要全心全意投入。記住：失敗與風險在任何行動中都有，如果一味逃避風險、失敗，不相信自己，收穫的只能是平庸與失敗。

假如現在有三個人，他們的能力都差不多，所處的環境也一樣。現在讓他們做同一件事情。第一個說：「這不可能！我做不到！」第二個說：「這也許可能，我可以試一試！」第三個說：「我相信我可以辦到！」事情的結果是完全可以預料的。

有很多時候，信心上的一點點差距就會使事情的結果產生很大的差距，甚至是你的一生都會為此而變得迥然不同。

如果一個人確信自己可以做成對於別人來說很困難或者根本不可能做成的事情，那麼他的自信能使他發揮極大的潛能。所以他能在事業上取得更大的成就也就是很自然的事。

人的潛力是很大的，甚至是無限的，關鍵是看你到底能發揮多少。而發現和發揮潛能的最重要因素就是你的自信心。一個天賦不是很高但是很有自信的人往往做事情可以

取得成功，而一個非常有天賦的人，如果對自己沒有信心，那麼他往往與成功無緣。

一個有信心的人就像是站在山頂一般，心情舒暢的他總能放眼四周，看清周圍的環境，總能很容易確定自己前進的方向和路徑；而一個沒有信心的人，就如陷在山谷一般，被周圍的山圍繞著，精神壓抑的他常常會不知去路，甚至是迷失自我。

也許對於一個普通人來說，讓他相信自己可以做大事，自己可以實現心中的很多夢想是比較困難的。因為他們已經習慣了把信心送給別人而不是留給自己，他們總相信能做大事的是別人，而不是自己。他們總是告誡自己，夢想只是藏在心中偶爾用來自我陶醉的東西，千萬不要苛求自己去實現它。

但是，事實上這些人中的每一個都有潛力做成大事，都可以透過自身的努力去實現心中的夢想。人們為什麼不能對自己期望得高一點，再高一點呢？如果一個人自己都不信任自己，自己都不幫助自己，那麼他也不要指望別人能為他做些什麼？

如果你想自己不可能實現心中的夢想，你也就不會為此而付出努力，當然夢想對於你來說就永遠只是夢想。

自信絕不意味著自大自誇。自信也是一種學問，它要求你必須對自己的能力有全面而準確的評估。人類之所以有這樣光輝燦爛的文明史，就是因為擁有自信。

相信自己，相信自己可以掌握自己的命運，自己可以為自己贏得一個燦爛的未來。

強化引導行為的「磁場」

成功的第一步往往從人們的思想開始，如果人們頭腦中的意識與成功的方向相悖，那麼無論怎麼做都難以成功。任何事情要想做成，都必須先在頭腦中形成一個模式，然後按著這個模式一步一步地去做。

如果一個人腦子裡總想著自己是個糟糕的「藍領」，那麼他很難變成「白領」或「金領」。如果我們想，我們就有可能得到；如果不想，那根本就不會得到。如果我們的頭腦總在想著一個成功的艱難，那麼你又怎麼能獲得成功？

腦子裡總想著黑暗、沮喪、失敗、絕望，那只會使人變得越來越消沉，以致一事無成。即使你再勇敢，再能接受挑戰，也於事無補。所以最根本的就是要找到一個正確的思想導向，走向成功。

德雷克·鮑克透過對無數擇業求職、創業的失敗者研究發現，很多失敗者都沒有一個正確的思想。從某種意義上來說，他們壓制了自己很多能力，因為他們的思想沒有很

好地配合自己的行動。他們通常都是手裡做著這件事，腦子裡卻想著相反的事情。他們從不會用積極的態度對待自己正在進行的工作，對待自己想要得到的事情，他們總是生活在消極的狀態中，或是沒有信心，或是迴避。

若想成功的人就必須採取積極的態度，對成功充滿信心。當然，這不等同於盲目自大。他的想法必須上進、有創造性和建設性，並且一定要樂觀。

人們總會向著自己所想的方向發展。你也許沒有上過哈佛，但你不能在思想上讓自己墮落，否則，你最終必乘上失敗號專車。反之亦然，如果你千方百計地抵禦、拒絕消極的想法，那麼你就會向著成功邁進，並必然會取得成功。

思想就像磁石一樣，能夠吸引類似的事物發生。如果你腦子裡總在想著「我是藍領階層」，那麼你這一生也許只能是一個「藍領」，甚至會出現更糟糕的情形——失業。

你頭腦中想著一種結果，而你做出另一種結果的可能性是不存在的，因為你的行為是受思維意識支配的。你做出的成就一定是先在思維裡成就的。一件事情你一定是先在頭腦裡想著我要做好這件事，之後你才可能付諸行動把這件事做好。如果你思維中根本沒思慮過這件事，你的行為卻自動做好了，這種情況是很難發生的。

積極地對待事物的態度就是從光明的、有希望的角度出發，並且對自己充滿信心，丟掉一切懷疑和躊躇不前的想法。相信最好的事情會發生，正確的就一定會勝利，真理最終會戰勝謬誤，和諧與健康是世界的本來面目，不協調與疾病都只是暫時的，這就是樂觀主義的態度，最終會改變世界的態度。

積極的樂觀主義是建造者，它帶給我們的就是太陽所給予花草樹木的；它是思想的陽光，它鑄造了生命、美麗和成長。我們在思想的普照下發展，就好像花草樹木在太陽光的照耀下繁茂生長一樣。

悲觀主義是消極的。它就像是一個黑暗的地牢，毀滅了一切生氣與繁榮。「死刑」正在等著那些總看見事物陰暗面的人。他們頭腦中只有罪惡、失敗和醜惡，那麼等待他們的也只有這些。

沒有東西能吸引自己的異類。它們都是透過向外界展示自己的特質，然後藉此吸引同類。如果一個人想要成為令人羨慕的白領，那麼他必須持有一種成功白領的態度，不能畏怯退縮、做事馬馬虎虎。

把頭腦中消極失敗的想法剔除出去，它們是你成功路上最大的絆腳石！盡你所能去想一些積極的事情，你會驚奇地發現，你如此之快地就得到了你想要得到的事情。

我們對待工作或理想的態度會直接影響我們怎樣去完成它們。如果你對待工作的態

度像奴隸被剝削一樣，把它看成是個苦差事；或者你對自己所從事的工作不抱任何希望，認為除了糊口飯吃，就不會再做出什麼驚天動地的事了；亦或是你認為前途黯淡，一生中只能是個「下賤」的「藍領」，絕不會有升遷的機會，甚至認為你生來就是過這種痛苦生活的，那麼你所能得到的也就只能是這些，別無其他了。

但如果換個角度去想，無論你現在多麼糟糕，你總是保持樂觀的態度，期待一個更好的將來，認為自己總有一天會跳出這單調的工作，進入一個多彩的世界，美好、舒適、快樂正在等著你，頭腦中很清楚自己的目標，並且不斷地向著這個目標努力，相信自己有能力成功，那麼你一定會有所成就的。

也許有些事情目前看來毫無可能，但只要我們能堅持認為有一天一定會找到可行的辦法來完成，那麼思想就會逐漸進入一種創造性的狀態，去吸引那些我們需要的東西，最終使我們成功。

一個意志堅強、充滿信心並不斷向著自己的目標努力的人，絕不會毫無成績的。願望會變為動力，最終變為現實。努力使你的思想變得積極、振奮，不要允許它有一刻去懷疑你自己能否做到理想的位置。這些懷疑是很危險的，它們會破壞你的創造能力，壓抑你的目標。一定要經常對自己說：我必須得到我所需要的東西，這是我的權利，我一定能行。只有相信「我能我行」的人，才能贏取勝利。

如果你認為你會對社會有所貢獻，世界上沒有任何東西能夠阻擋你去獲得這些，這種思想就會有一種奇特的累積作用和磁力作用，幫助你成功、幫助你得到你想要改變的東西。堅持而堅定地持有這種積極的思想，一段時間後你會驚奇地發現，那些你曾為之瘋狂、為之奮鬥的目標竟已來到你的面前。帶著勝利的決心，握緊拳頭，勇敢地面對現實，並堅信自己有一天一定會贏回屬於自己的那一片天空。

你不能成為外界的傀儡、環境的奴隸，我們要努力創造適合自己的環境和條件。沒有任何事情的成功是毫無理由的，我們的思想就是我們成功的理由。我們對待事物的思想態度會創造成功或失敗的環境。積極的思想創造積極的結果，而不協調的、焦慮的、沮喪的思想態度也會使我們的思維變得消極，從而在我們的成功之路上設置了各種障礙。

人們的行為就像是思想的僕人，我們想什麼，它就會反映出什麼。如果我們認為自己有能力，那麼，在意識的指導下，它就會發揮出最大的潛能。如果我們感到恐懼，就會變得畏首畏尾。

思想積極的人，用他們的創造性、啟發性、他們的勇氣和堅定，創造著一個又一個的奇蹟。積極的人不會坐以待斃，他們會積極地去創造條件，讓自己所期望發生的事情

發生。要知道石頭自己是不會動的，你必須去推它才能讓這頑固之石離開原有的位置。世界上的任何奇蹟都是由積極的思想者創造的。

許多人由於外界的影響而喪失了自信，他們本來積極的思想變得消極起來。他們逐漸失去了心中的信念。這一切也許都來自別人對自己的評價，來自自己對自己的評價，從而認為自己有很大缺陷，認為自己工作不稱職，認為自己根本不懂工作等等。這些微妙的思想起伏將逐漸消磨他們的積極性，這些可憐的受害者不再像以前那樣精力充沛地對待任何事情。他們漸漸失去了果斷，開始懼怕決定一些重要的事情，他們的思想也變得優柔寡斷。這樣一來，他們不可能成為威風凜凜的成功者，而只能是低人一等的隨從。

那麼如何積極地處理這種事呢？德雷克·鮑克認為，應當從內心裡堅定不移地相信自己，充滿自信地期待，將所有的精神與意志全部集中在我們的期望與解決問題的方法上，只有這樣我們的意志力才能幫助我們實現自己的期待與理想。那些強烈的期望將賦予我們活力，使我們積極完成自己的目標。

我們強烈的願望以及爭取某件事情的決心在我們的心中建立了一個模型，這樣我們的意志將按照這種模型努力把它再現於現實生活中。這是一幅精神圖畫，為我們帶來了積極性、建設性與創造力。

一個充滿期望的人，他決心去實現自己的目標，他會總是將自己的理想銘記於心，果斷地消滅阻止他獲得成功的敵人，擺脫懦弱與優柔寡斷，為自己的理想而努力奮鬥。

在我們的內心深處有一種神祕的力量，我們無法解釋，但有時我們可以感到它的存在，它彷彿會化成一種命令驅使我們去完成預定的目標。

一種積極、靈活的思維能夠提升我們的創造力，使我們的頭腦更具建設性，這樣的思維在我們所有的精神素養中是最重要的。如果你的思想變得消極，變得遲鈍，如果你缺乏主動，那麼你就應該改變這樣的思想。在對待任何事物時，都應當持有一種積極的思想態度，只有這樣你才能夠在現實生活中更加積極主動，而結果將更加具有建設性。消極的思想與完全靜止的思想還存在著很大的差異，那種消極的思想比完全靜止的思想給我們帶來的損失可能要多得多。

在你的思想中為自己建立一個模型，一個健康的模型，一個完美無暇的模型，時刻將這種模型銘記於心。這樣我們將會得到意想不到的結果！我們所要做的就是將那些至關重要的有利於我們發展的品格在思想中永遠置於第一位，摒棄負面的東西，在思想中消滅所有可能減弱我們創造力的東西。

如果一個年輕人剛剛開始進入職場，急切地期望在自己的職業生涯中獲得成功、他

一定不要對自己這樣說：「我很希望獲得成功，但我不覺得我真的能做到我所設想的那樣。我的工作經驗與知識真是太有限了，我知道在我所從事的工作領域內，很多人都無法獲得成功，過上體面的日子，甚至有許多人還失了業，所以我想我可能犯了一個錯誤。」

這樣的年輕人如此說，如此想，也會如此做，也許真的有朝一日會有所表現。但是他的這種不自信只能讓這「有朝一日」變得遙遙無期，他不會獲得成功，甚至會失去自己的工作。

培養乾淨俐落的作風

紐約一家商業企業在進門處立有這樣一塊警示牌——長話短說！事情很多，時間有限，請配合。

這條警句說明了兩個問題：一是說明在現代快節奏的生活中，快捷高效的辦事風格占據了主流位置；二是說明商業領域存在著一種非常嚴重的不負責任的現象。這種現象就是：一些人只關心自己的事，說起話來長篇大論，毫不顧及浪費他人的寶貴時間。公文冗長、喋喋不休的說話辦事方式已不能適應當今快速發展的社會，現代需要的是簡明扼要，直奔主題。這則警示就是用一種禮貌的方式，告誡那些說話辦事拖泥帶水的人，要俐落行事。這些人如果你當面告訴他，他肯定又要長篇大論地與你爭執不休。

你若與一個廢話連篇、不著邊際的人談業務，肯定會感到疲憊不堪，甚至會感到頭痛和憤怒。他其實心裡明白自己與你談話的目的，但是偏不願意從自己口中直接說出來，只是旁敲側擊，讓你去猜測他的意圖，大有只可意會不可言傳之勢。與這種人談話，你永遠別想從他口中得到一句肯定明確的話，他永遠會在問題的周圍繞來繞去，避開主題。他們東一句，西一句，思想不連貫，讓人無法看清他的意圖，孩子們玩遊戲為了避免出局，盡量不碰設置的東西是可以理解的，但倘若誰說話模模糊糊，含渾不情，則實難讓人接受。

在企業內部，進行工作總結或經驗交流時，若是大家都瞻前顧後，閃爍其詞，一副莫不關心的樣子，那會談定會失敗，這種集體意識差、低能低效的工作之風，就是送上門來的機會，也抓不住。現代企業需要的是雷厲風行的作風，閃電般的效率，或取或棄，快刀斬亂麻，不能拖泥帶水。自己看不上的東西，自會有別人看得上，藕斷絲連只會耽誤自己的時間，浪費別人的機會。每一次商業談判之前都應事先認真準備，對可能

出現的問題加以分析，這樣到時才能乾淨俐落，直奔主題，高效解決分歧，取得共識，推動談判成功。然而，有些人卻不是這樣，總喜歡繞彎子，兜圈子，拖沓成性。法官和律師最頭痛遇到這樣的證人，因為你根本無法從他那裡得到有用的訊息。雖然律師運用各種技巧，希望這個證人有一個肯定直接的回答，但是他繞來繞去，就是不說重點或一遇到關鍵問題就輕描淡寫一語帶過。

卡內基曾經與這種人打過交道，從見面開始，那人就一直滔滔不絕，但卻沒有主題，即使卡內基多次看手錶，他仍說起沒完沒了，好像根本看不懂卡內基給他的暗示。後來，只要接到他的電話，卡內基都會抓緊時間躺下來休息一會，因為卡內基知道，一場持久戰即將開始了。他是從來不會顧及你的時間或有沒有重要事情，只管自己說得盡興、過癮，這樣的人討厭之極。或許有的職業需要這種不著邊際的談話風格，但是有理想有抱負的年輕人千萬不要養成這種習慣，它會毀掉你的前程，給成功設置路障。看看那些高層管理人員或被譽為有發展的人，哪一個不是說話簡練，辦事乾淨俐落。

卡內基的另外一位商界朋友就很符合現代氣息。他事業有成，口碑極好。每次與卡內基通電話時從不說廢話，三言兩語，直奔主題，常常是卡內基還沒反應過來，他已經說「再見」了。和這樣人的人交往一點也不覺得累。他不會占用你過多時間和精力，更不會打擾你。卡內基很敬佩他思維敏捷、行事果斷，以及高效能地工作作風。如果一個人很早就意識到自己在這方面的不足並努力加以改進，做事專一，說話言簡意賅，就完全可能成為一個出色的經營管理人才。

從一個人的言談中，肯定能夠看出他行事的特徵，或果斷或拖沓。從他們寫的凌亂不堪的信中也可以了解他們是什麼樣的人。我曾與一些人以通信的方式合作過一段時間，在信件往來中，總適時提醒他們回答一定要直截了當。但是每每不見成效，其實他們也並非有意而為，只因為已形成了習慣。卡內基也不好再多說什麼，免得他們心裡不舒服。

商業信件最重要的特點就是簡潔、明確，盡量用最少的字表達最全面的意思。成功商界人士的信都是文字簡練、內容系統、主題明確，別人需要兩頁紙的篇幅，在他這裡只要半頁紙就可以表述清晰明瞭了。一個從未見過面的人，從他那風格獨特的信件中，就可以明白他的全部意圖，從而認識這個人。要想寫好這類信，不防把它看成是在發電報，按字收費，多寫一個字就要多花多少錢，這樣你就會斟字酌句，盡量用最少的字表達出全部的內容。在寫完一封信或一篇文章之後，多讀幾遍，盡量濃縮冗長的詞句，做到字字珠璣，句句精練，透過這種訓練，可以改掉囉嗦的壞習慣，形成有話則長、無話

則短的好習慣。同時，這樣的練習還可以提升我們的思維能力，如果三言兩語就能準確表達出多層含義，就是駕馭語言的高手，也會贏得他人讚許的目光。

很多年輕人應徵成功與否都取於求職信寫得好壞。一封好的求職信往往字跡整潔、話語嚴謹，讓應徵人員一目了然，成功的機率自然加大。相反地，寫得亂七八糟的求職信，讓人一看就煩，不願再看第二眼，結果必然導致應徵失敗。有人曾親眼看見一個人事經理在一大堆應徵資料中翻揀，只挑寫得乾淨、簡潔、清晰的信看。

經驗豐富的老闆會從求職信中了解到關於應徵者的很多情況，雖未謀面，但是一封信寫得拖沓冗長、自吹自擂，怎能不讓人擔心他的能力，而一個有實力的年輕人，肯定會謹慎、言簡意賅地寫好求職信的。

看到這，你也許會問怎樣才能在商業領域取得成功，如何確定自己是否具備這個能力。我們要說的是，但凡成功人士都具備這樣的特點：說話直截了當，善於抓住問題的實質，而不是轉彎抹角拖泥帶水。仔細審視一下自己，是否具有這些特點，如果沒有，那你拿什麼去成功呢？似乎大概的人總是使自己陷入尷尬境地，辛苦工作，任勞任怨，到頭來卻一無所獲。而爽直的人善於抓住重點，能一針見血地指出問題所在。也正是這一品格，為他們事業成功打下了牢固的基礎。

努力工作，絕不懈怠

成功的兩個前提一是努力工作、埋頭苦幹，二是堅持不懈、持之以恆。在一般的條件下，具備這兩個前提的同時又具有常識的人都會取得成功。

要在已有的職位上做到盡善盡美，要不斷地精益求精，不要坐等平步青雲，不要坐等飛黃騰達。要具有更果斷的勇氣，精力要更加充沛，態度要更加細緻入微，為人要更加禮貌周全，要比你的同行和前輩做得更多、更好。把以前從來沒有填補過的欠缺和空白補上。要不斷研究自己的業務活動，精心設計新的運作模式，並向老闆提出卓有成效、切實可行的建議。關鍵是要做得比預想的更好，要使老闆對你的表現讚嘆不已，而不只是在於能否從工作中得到滿足感，能否完成自己的工作。這樣，更高的職位和更多的薪水自然會是你應得的回報。

失業後，你可以接受任何一份體面的工作，對自己的能力和工作任務之間的差距不要太在意。如果你在工作中表現出自己做事卓有成效，完全能夠勝任此項工作，那麼，等待你的將會是更好的工作。

唸好本行業的生意經

商人是個能夠展現自我價值的職業。無論你是誰，只要精通生意經，那麼你一定能夠輕而易舉地賺很多錢。世界上的各種商品能夠順利流通，與那些商人有著千絲萬縷的聯繫，他們在其中所發揮的協調作用是顯而易見的。如果一個商人精通生意經，那麼他的成功之路一定寬闊而光明。

你常常會在繁華的街頭看到大大的卡通皮鞋、旋轉的燈箱、五顏六色的小牌子，這是商家在為自己的店鋪做廣告，這就是我們通常所說的生意經。一隻大大的卡通皮鞋，說明這裡是個經營各種鞋子的鞋店，一隻旋轉的燈箱，提示人們這裡是為人們理髮的理髮店……各種各樣的商品、各種各樣的業務給我們的生活帶來了活力，也供給了社會所需的一切服務。那些保險公司、證券交易所、銀行、大商行等機構所聘用的經理、行長、主管、推銷員等都是些精通生意經的商人，他們所在的機構對於社會的發展十分重要。

一個精明的商人，最初一定要從小事做起。舉個例子說，如果你對保險業感興趣，那麼你一定要去保險公司應徵業務員，從最初級的業務做起。只有充分了解了保險業的運作規律，你才能把業務做精，才可能晉升為主管或經理。如果你的薪水不夠豐厚，那麼只要你工作認真負責，努力肯幹，那就不難得到額外的津貼和獎勵，這樣從基層成長起來的人才一定精通此種行業的生意經，而且有豐富的業務上的經驗。也許你在一家公司擔任比較重要的職務時，還有另一份待遇豐厚的工作在等待著你。幾年前就曾因爭奪一個業務精英，兩家公司走上法庭打起了官司，這類事件在各種行業都屢見不鮮。

要想做一個成功的商人，就一定要在立業之前接受各種商業知識和商業技能的訓練，這一點非常重要，因為這是在為今後事業的成功夯實基礎。除了專業的訓練，一個成功的商人還應具備優秀的品格、高尚的品格和堅定不移的自信，同時更要精通所從事行業的生意經。那些謙遜禮貌、機智敏捷、深謀遠慮、做事周全、行為嚴謹、善於交際的優秀品格不僅是一個普通商人應該具備的，那些從事其他工作的人也應努力擁有。一個人如果同時具備這些優點，那麼他事業上的成功也就指日可待了。

世界上有無數的商家因應徵不到精通本行業的生意經、極具銷售才能的出色員工而苦惱，但是與此同時，也有許多人因謀不到一份好職業而心力交瘁、寢食難安。那些平庸的業務員或公司職員總是業績很差，而且還把市場行情低靡、經濟蕭條、公眾購買力下降、競爭比以往更激烈等理由作為自己工作業績差的藉口和託辭。事實上，商家很討

厭員工找各種理由和藉口來掩飾他們的無知和能力，商家只想將自己的商品推銷出去，所以無論多麼多的精通生意經的出色員工在他們那裡都不覺得多餘。

全力以赴做事業

世界上許多成就大事者都是一些資質平平的人，而不是那些技藝超群、睿智的人，怎樣解釋這種現象呢？我們經常可以見到一些年輕人取得遠超於他們實際水準的成就。這令很多人感到費解，為什麼那些不如我們聰慧，在學校裡排名靠後的學生卻取得了巨大的成功，在人生的旅途上把我們遠遠地拋在後面？其中的一些人儘管在學校裡受人輕視，但是，他們後來卻能專心涉足一個領域，潛心鑽研，最終取得了成功。雖然他們才智平平，但他們注意點滴累積，為達目標全力以赴，而那些所謂才智超群、多才多藝的人卻仍在四處涉獵，毫無目標，最終一事無成。

許多人深知自己天資不足，這種自知之明推動著他們在最大限度地開發利用自己潛能的同時更加重視後天的學習和補充。他們決心讓父母和老師刮目相看，徹底改變自己在他們心中的壞形象——一個不聰明的孩子。雖然他們的智力不如自己那些聰明的兄弟們，但是他們下定決心要證明自己並非一無是處。

深知自己才能的有限，所以他不奢求像全才那樣十八般武藝樣樣精通，只是選一項最適合自己發展的才能，然後奮發圖強，充分利用這項才能。這樣他比那些多才多藝的人更容易專心致志。他不用常常想著還要去做好其他的事，他只知道，要想改變命運，就必須一心一意發展某一專項才能。

人們常說，天才、運氣、機會、智慧和態度是成功的重要條件。的確，除了機會和運氣外，其他因素在人生的征途中都發揮重要作用。但是，具備了一些或所有條件，並不等於就一定能成功，還要有一個明確的目標。不知你有沒有發現，那些取得偉大成就的人都有著一個共同的特徵，那就是目標明確、堅持不懈、不畏艱難、不達目的絕不罷休的精神。

一個天資聰穎的孩子，無論他是否是大學裡的高材生，也無論他比社區裡的同齡人多出眾，如果他不具備不屈不撓的精神，那他就永遠也不會成功。許多人都因為缺少這種品格而令關心他們的人失望，人們原本期望他們會成為藝術家、音樂家、作家、律師或者著名醫生，但是他們沒有做到。

堅持就是勝利。人們總是相信緊韌不拔、意志堅定的人。無論他們做什麼事情，剛開始做時人們就知道，他們一定會贏。因為每一個了解他們的人都知道，他們一定會堅

持到底的。人們知道他是一個勇往直前的人；是一個能夠從哪裡跌倒就能從哪裡爬起來的人；是一個能夠虛心接受意見的人；他永遠堅持自己的目標，永不偏航，無論面對多麼惡劣的情況他都能鎮定自若。

對於格蘭特將軍做出的決定，誰也別想讓他有絲毫的動搖，任何力量都無法阻止他的行動。他的眼裡只有一個目標：取得勝利。至於取得勝利需要多長時間，要經歷怎樣的艱難困苦，對於他來說都是小問題。他說：「即使花去整個夏天的時間也要攻下那條戰線。」他就是這樣一個意志堅定、不屈不撓的人。

與格蘭特不同，威靈頓關心的問題並非取得勝利，而是怎樣前進，向著目標爭取一絲一毫的進步。為達目地，哪怕前方是刀山火海，他也會毅然前行。

在美國歷史上，像平凡者成功和天才失敗的例子不在少數，究其原因，主要在於那些看似愚鈍的人有一種頑強的毅力，一種在任何情況下都毫不動搖的決心，一種不受外界事物影響，不偏離自己目標的能力。而那些所謂天才、自命聰明的人往往沒有一個明確的目標，東一下西一下，什麼都想做，又什麼都不想做，結果白白耗費了精力，浪費了他們的才華，到頭來依舊成績平平。

你成功與否，主要取決於你的個性、獨立性、決心和意志。只有具備了這些東西，

全力以赴做事業

你才不會在偌大的人群中人迷失方向。你的問題，你的迷惑，別人不會幫你解決，也沒辦法幫你解決，你只能依靠自己去解決，自己把握自己的命運、幸福和成功。

一輛火車，不管製造得多麼精緻，若缺少蒸氣的動力，將寸步難移。蒸氣是火車的動力，熱情就是人的動力。一個人不管能力多麼非凡，才能多麼全面，除非他滿懷熱情，否則一定與成功無緣。就像蒸汽推動火車前進一樣，熱情推動一個人前行。不論你從事何種職業，你都需要這種動力，它能讓你飛越障礙，克服千難萬險，勇往直前，實現目標。

熱情帶給你無限的動力，激起你深藏在體內的潛力，可以彌補你能力上的不足，幫你走向成功。

第三章　隨時為自己充電

文憑只是美麗的外表

學歷是必要的，因為那是你知識水準的象徵之一。但是學歷並不能完全代表你的能力，因為你要勝任現在的工作，還必須有你在這個職位上所需要的專業知識。

有這樣一則寓言：

有一天，小黃鸝鳥建議：「我們應該推選一位勇者當國王來領導大家，誰是鳥類中最偉大的，我們就選牠出來當國王！」

鳥兒們都贊成這個提議。這時候，一心想做國王的孔雀先開口了：「各位，大家就選我做國王吧！我的羽毛是最美的！」

說著，孔雀就把牠那美麗的尾巴炫耀地伸展開來。

鸚鵡首先附和說：「有這麼漂亮的鳥做我們的國王，是值得驕傲的一件事，我們就決定選孔雀為我們的國王！」

這時，麻雀卻不贊成地說：「不錯，孔雀是最美麗的。但是，像我們這麼弱小的動物，被侵襲時，牠有什麼能力來保護我們嗎？與其選一個美麗的國王，倒不如選擇一個在危險的時候能夠挺身救我們的國王？」

眾鳥聽了麻雀的話，都點頭贊成。

最後，大家經過投票，選舉了強悍凶猛的老鷹為百鳥之王。

有人說，美麗的外表是最好的推薦信，但是，推薦信並不代表一定會被錄用，即使被錄用，也不保證一定被重用。

有人指出：成功＝能力＋興趣＋性格＋價值觀。

在公式中，能力居於第一位。在工作生涯中，想要出人頭地，除了具備一般知識和能力外，專業知識與專業技能才是致勝的關鍵。至於學歷、文憑，只是美麗的外表。

很多人以為讀工商管理碩士（MBA）為做生意賺錢的捷徑，很多沒有大學文憑的經營者，也往往羨慕那些高學歷的人，他們總覺得高學歷等於財富，學歷高的人賺錢自然會很容易，財源也會滾滾而來，這其實是一個很大的誤解。

如果你沒有大學文憑，千萬不要洩氣，雖然說高學歷有助於你的事業成功，但真正的成功與高學歷之間並非完全是個等號。不要以為有高度的書本知識水準，便是成功的象徵。許多大學生因為高不成、低不就而走向自我毀滅之途，就是因為他們誤解了學問高，便應該無往不勝的理論。

能夠踏上高等學府的臺階，只是代表你對課本知識的領悟能力比較高，僅此而已。

至於在社會上能否取得成就，則是另外一回事。讀書成績好的人，未必能夠在商場上得心應手，特別是那些死讀書的「書呆子」。

在商場上的成績，很可能跟在學校裡的成績截然相反。誰也不敢保證一個醫學碩士在商場上肯定會強過一個國中生，也沒有人能夠打包票，一個哲學博士可以在商場上賺個大滿貫。正如一個讀書不成的年輕人，不一定必然窮困潦倒一生一樣。

假若學歷能夠為經營者帶來利潤，那麼大學的教授豈不通通都成了商場巨子，然則實際當今許多富可敵國的超級大亨，真正是高學歷屬於知識分子的並不是很多。

當今世界首富比爾蓋茲，可謂當今尖端技術領域最叱吒風雲的人物，他的名義學歷也不高，但他所取得的成就卻讓一個個博士望塵莫及。

知識本身不是力量，知識的力量在於使用、在於創新、在於活學活用。知識創新是真正強大的力量，知識只有不斷創新，才能使認知不斷深化，轉化為改造世界的力量。

如果你受過良好的教育，那就充分利用它，但是絕對不要把「沒受過正規教育」作藉口，也絕不要在高學歷者面前感覺低人一等。有太多的例子可以證明，即使沒有念過大學，甚至高中，只要你針對目標努力，獲取相關知識，掌握相關技能，在工作上一樣可以做得很優秀。

活用書本上的知識

要增進你解決問題的能力，沒有捷徑可走，唯一的途徑是掌握更為廣泛的知識。在獲取知識方面，這裡要特別強調的是，了解專業以外的「常識」也非常重要。

在知識的海洋中，有一些是某一特定職業的人必須要知道的，其他的人對之則可知可不知。例如航海方面的知識，對於一般人而言，他只要了解一些一般性的知識就足夠了。

可是，有些知識則具有共通性，不論任何一種職業的人都非知道不可，而且最好能徹底地了解，例如，語言學、歷史、地理、哲學、倫理學、修辭學等等。如果追求的境界再高一點，還要再加上各國的政治形態、軍事、民事等等。想要將以上這些範疇內的知識全部擁有，並不是一件很容易的事情，需要你付出一定的努力。儘管這一知識體系極為龐雜，但也不是可望而不可及的，如果你能一點一點地去吸收，孜孜不倦地去學習，是沒有學不好的，而且只要你堅持不懈，一個非常美妙的結果一定會很耀眼地呈現在你的眼前。

一個人不能為讀書而讀書，讀書的最終目的是為了用。只有活用書本上的知識，一個人才能其工作中建立業。

生活中有不少人也經常在讀書，甚至有的人讀的書還很多。但是，有的人能做到活學活用，有的人則讀了與沒有讀差不多，甚至還帶來了害處。

在現實生活中，常常可以看見一些人，雖然愛讀書卻不能很好地利用，尤其是在商品經濟大潮席捲過來時，有些平時不注意接近現實，對書本之外的事知之甚少或全然不知的讀書人，幾乎要暈頭轉向，不知如何是好。

有些讀書人，肚子裡的學問或者理論水準很不錯，卻拙於實際操作，不能把書本知識與實際工作很好地結合起來。

做到學以致用並不難，如果能夠從下列幾方面去做，就會大致避免讀書與實際脫節的傾向。

第一，在廣泛涉獵的同時，要經常注意讀報，收看電視和收聽廣播新聞，養成關心時事的良好習慣。

第二，要在讀書的同時注意思考，尤其要重視聯繫實際問題，要注意讀那些現實性、指導性強的書籍，把書本與實際生活聯繫起來。

第三，要經常放下書本，與廣大的普通人接觸，了解他們的喜怒哀樂，掌握他們的思想動向，與他們打成一片。

第四，要在掌握理論的同時，注意養成經常動手的習慣，透過親自實踐來印證或修正、補充和完善理論，使理論知識化為實際工作效果。

第五，要經常檢查、反省自己的讀書學習，是否緊扣實際需要，是否真正增加了知識，增長了見識，防止為讀書而讀書，以至死讀書、讀死書、書讀死的傾向。

總之，讀書人要防止成為只會讀書不會運用的書呆子，只有這樣才能使讀書上升到一個較高的層次，才能在實踐中很好地運用從書本中得來的知識。

用自己的眼睛去觀察，根據實際的體驗而熟悉世故的人，和單從書本上獲得知識，卻不懂人情世故者，不但有根本上的差異，而且比後者更優秀。就像訓練有素的馬，遠比毫無訓練的驢子有用一樣。

你必須把所學到的知識，以及本身的見聞歸納起來，再加上自己的判斷，堅定地建立起自己的人格、行為模式、禮儀禮節。你不妨多看看有關社會學方面的書，把書上所寫的和現實生活加以比較，這對你必然有所幫助。例如你可以在上午的讀書時間裡，讀幾則拉羅希福可（François de La Rochefoucauld）的格言，並且深入地思考。然後把書中所言，套在夜晚社交場合中所遇見的人們身上，並作一比較。

在工作中接受實效教育

如果即將為你動手術的外科醫師對你說：「不要擔心，雖然我從沒動過刀，但我已經熟知手術程序，知道該怎麼做。」

或是承包你家建築工程的承包商說：「雖然我從沒有實地動過工，但我買了整套建築的書作指南。」

對這類情況你會有什麼感覺？

光是累積資料，未必就能增加知識或帶來經驗。鯨魚的圖片雖然讓你知道鯨魚究竟長成什麼樣子，文章雖然提供你鯨魚的種種資料，但你卻並未親眼見到鯨魚，也並不真正了解鯨魚。

唯有在你參加了賞鯨之旅，親眼見到鯨魚，觀察牠的動作，感受到牠在船下游動、輕輕地推著船，那時你才了解鯨魚。

知識不止是心理的過程，也必須親身體驗。也就是說，唯有當你把知識和經驗相融合之後，才能得到對事物真相的可貴見解，遠非言辭或圖片所能說明或暗喻。

雖然這個世界上有許多事物非你能真正了解，但卻也有許多可容你親身經驗。只要有機會，你就該拋開書本，用你自己的雙眼去體驗。

有一些人在選擇職業時，總是希望以自己為中心，完全按自己的喜好對待工作，這是不實際的，工作不能遷就你，但你卻應該去適應工作。讓自己去適應工作是很重要的，這就是職業適應。

社會的發展，為每一個人提供了越來越多的自由選擇職業的機會。你要選擇一個自己喜愛的工作來做，你可以透過眾多的應徵廣告來尋找一份適合你的工作，但社會的發展也是不平衡的，由於種種原因，能夠提供的條件是有限制的，工作的選擇也就未必能隨心所欲。

所以，只要你從事選擇的職業，無論喜歡與否，你都要忠於職守，努力工作，在工作中不斷培養自己的興趣，把工作做好。你至少可以得到寶貴的工作經驗和難得的資歷。

第一份工作可以給你很實際的工作經驗，為你職業生涯的開發打下基礎。你的工作是按部就班、重複單調的，可以使你體會到就業的氣氛，鍛鍊你的耐性；你的工作是富有挑戰性的，可以使你感受到競爭的氣氛，鍛鍊你應變的能力。

資歷往往能發揮意想不到的作用。如果你曾在比較著名的公司工作過，那麼這對你

無疑是一次寶貴的經歷。別人會認為你受過訓練或工作經驗比較豐富。即使許多公司對新錄用的職員就職前一般都要進行一番培訓，這也許是你第一份工作所獲得的最重要的東西。如果有可能，選擇一些訓練工作做得好的工作，既受到了有益的訓練，又可以領到薪資，更為你今後發展做些準備。

無論怎樣說，增加你的工作知識，是你事業成功必須的一步，是你參加工作必須的一步。

增加工作知識，最後是要落實到改進工作技術上，其目的是要提升工作效率，使你在你的工作中做出成績，取得成就。

在學校接受良好的教育儘管有益，但也不過是啟迪心智的眾多方法之一，比起實踐經歷或榜樣對塑造個人性格的影響而言要遜色得多。

日常生活的經驗表明，正是充滿生機活力的個人主義對別人的生活和行為產生了最強有力的影響，並真正成為對人們最好的實效教育。與這種實效教育相比，學校、學院和大學所給予人們的教育僅能作最簡單的文化啟蒙而已。

更加具有影響力的教育是來自日常生活的教育，這種生活的教育每天在我們身邊發生著：在我們的家庭裡，在街道上，在商店的櫃臺背後，在生產工廠，在織布機上，在耕地上，在財務室和手工作坊裡，在擁擠嘈雜的人群中。它是社會成員所接受的最後的指導，被席勒稱之為「人生歷程的教育」，它表現在人的行為、品行、自我教養、自我駕馭之中，所有這一切都傾向於正確地引導人們，使人們正確地履行人生的職責和做好自己的事業。這是一種無法從書本，也無法從任何大量的學術訓練中獲得的教育。

學習並沒有教會人們知識的用途，那是一個屬於學習之外並超越於學習的智慧，它只能透過親自觀察、體驗才能獲得。因為所有的經驗都表明了這個道理並增強了這個道理的說服力，即人們更多地是依靠工作而不是靠讀書來完善他自己的處境——也就是說，是生活而不是文學、是行動而不是研究、是性格而不是傳記，在永久不斷改造完善我們人類的狀態。

充實所需的知識的簡便方法是：

第一，到離你最近的大型公共圖書館去，與商業類圖書部的管理員交朋友。這樣，你會發現一座金山，包括與構思、產品、服務、商業或危機相關的各種資料，都可以在圖書館找得到。你想找什麼，幾乎都有相關的名錄。

各行各業的領導人物都會寫「如何成功」之類的書，也找得到有關專利權、註冊商標、著作權的資料，還有各製造商、進口商、供應商、製造商業務代表、零售商、批發

商及流通公司等等的名錄；要找用市場郵寄名單做的統計資料也不難。現在越來越多的圖書館和國際網際網路相連，要是哪個圖書館沒有你要找的資料，你會很容易透過網絡查找到。

第二，找出你所選擇的領域中的五十位最傑出的人物。不管他們人在何處，想方設法與他們共進早餐、午餐或晚餐，請他們抽個空與你聊聊，你便可以吸取他們的智慧（五十人裡面大概有十人會抽時間給你）。

第三，到你想從事的領域工作，去你可以多方觀察學習的公司上班。必要時工作不給報酬也無妨。要像海綿一樣，盡全力吸收。分秒都不放過的人，在十個月內就可以學到十年的經驗。

把自我提升當作一種習慣

當教育被忽視了之後，不管是因為沒有機會還是沒有利用好機會，自我提升或許是最後剩下的希望。在我們身邊自我提升的機會很多，自我提升可以得到很多的幫助。現在有很多便宜的書和公共圖書館，我們沒有理由不利用這些豐富的資源來提升我們自己的水準，增加我們的知識。

大約在五十年乃至一個世紀之前，獲取知識遇到的困難和障礙可能是你無法想像的：書籍缺乏，並且價格昂貴，夜晚只能在蠟燭的黯淡光線下看書，工作太久而沒有時間學習，為了有精力學習需要克服體力的極度疲勞。

即使在如此艱難的日子裡，很多偉大的成功者照樣取得了非凡的成就，這使我們驚嘆不已。而我們想到殘疾、畸形、聾啞、體弱多病、饑餓、寒冷等等這些會阻礙受教育的因素的時候，我們不得不為我們自己感到羞愧。因為這個充滿機會和幫助的時代，提供了大量豐富的學習機遇和自我提升的機會給我們，而我們實在是利用得太少。

自我提升至少反映了提升自己的願望。如果存在這種願望，那麼只要戰勝了追求舒適和安逸的心理就會獲得自我提升。你不能花太多時間來看小說、玩撲克、打撞球、閒逛、瞎扯聊天，一分一秒的空閒時間都能派上用場。在自我提升的前進道路上有一頭獅子——自我縱容，只有戰勝了這個敵人，才能保證取得進步。

從一個人打發空閒時間的方式可以看出他人生的基調，看他是否已經對生活沒有了熱情，或者是否把生活看成一個大玩笑。在他們輕率浪費掉的傍晚和半日休假時，他們的意志正在漸漸地被消磨掉。不管他們是否意識到這一點，事實永遠不會發生改變。

年輕人常常驚奇地發現，不是競爭對手前進太快，而是自己已經落後於競爭對手。但只要他們審視一下自己，就會發現他們已經停止了前進的步伐，停止了跟上時代步伐的努力，他們不再博覽群書，也不再透過自學豐富自己。

對空閒時間的正確應用能使人走上卓越的位置。歷史上很多人用來學習的「空閒時間」並非真正意義上的空閒時間，而是他們節約出來的時間，從睡覺、吃飯、娛樂中擠出來的時間。

世上有哪個孩子比艾利佛．波瑞特的機會更少呢？十六歲的時候他跟著一個鐵匠當學徒，整個白天他都得在鐵匠的鋪子裡工作，晚上點著蠟燭開始學習。他抓緊一切時間學習，吃飯的時候他面前也擺著一本書。工作時他的口袋裡放著一本書，只要有一點空閒他就會拿出來看。當那些富裕的和懶惰的孩子到處閒逛、遊手好閒的時候，小艾利佛正在抓住機會提升自己。他利用晚上和假期學習，他利用很多孩子都浪費的零碎時間來學習，因此獲得了很好的教育。

他渴望知識，希望能自我提升，對前進道路上的一切障礙一一加以克服。一位有錢人曾經承諾要供他上哈佛大學，但是他拒絕了。他說可以自學，雖然每天他都必須在鐵匠鋪工作八個小時。他是一個很堅強的孩子，他像珍惜金子那樣珍惜在鐵匠鋪裡的每一刻空餘時間。他相信對每一刻時間的節約很多年後一定會收到高回報，而浪費時間只會使他一事無成。想像一下，一個孩子每天白天在鐵匠鋪裡工作，居然能抽出時間在一年內學習了七個國家的語言！

常常限制人們的不是能力不夠而是缺少勤奮。很多時候雇員比他們的老闆更聰明，有更好的智力。但是他們不注意提升自己的才能。他們的大腦被菸草熏得越來越遲鈍，他們把錢花在打撞球、看電影或者跳舞上。當他們老了以後，他們會抱怨運氣不好，年輕時沒有足夠的機遇等等。

公司經常會重新應徵正式職員，被換掉的常常是那些年輕時認為不值得學習商業知識的人。在很多工廠、商店、辦公室裡，職工近乎無知的現象非常普遍。實際上，在這個充滿機遇的世紀，年輕人都應該受到很好的教育。但是美國社會中的事實令人感到遺憾，我們經常看到有人從事非常低下的工作，因為他們年輕時認為不值得提升他們的能力，沒有集中精力去獲取大量的知識。

那些被很多人認為不值得引起注意的小事，往往成為人們生活中的巨大障礙，使他們無法前進。

很多年輕人把他們的黃金歲月浪費在非常普通的職位上。因為他們從來沒有想過提

升自己的智力水準，也沒有利用一切可能的機遇去謀求更高的職位。很多人浪費了身邊的很多可利用資源，年輕時他們常常毫不在乎地說「我覺得不值得去努力」，就這樣耽誤了美好前程。他們覺得沒有必要在學校裡用心學習，也不去想自己能做點什麼，以此作為謀生的手段。

很多職員羨慕他們的老闆，希望自己也能開公司當老闆。但是，一旦需要比職員付出更多的勞動時，他更願意過輕鬆的生活。於是，他們開始猶豫是否值得為了多賺一點薪水或得到更高的職位，而去承受巨大的壓力、不斷努力奮鬥、不斷學習提升自己。

很多人的問題是他們不願意用現在的一點犧牲換取將來的成果。他們寧願過舒服的日子，也不想把空閒時間花在自我提升上。他們有著要做大事的模糊願望，但是很少有人有那種強烈的渴望，驅使他們犧牲現在的一點舒適，換得美好的將來。很少有人願意做很多年的基層工作為人生的輝煌奠定基礎。他們也嚮往成功，但是他們這種嚮往不足以讓他們願意付出任何努力或做出一點犧牲。

所以，很多人就碌碌無為地度過一生。實際上，他們有能力做得更好，但是他們不願意做必要的努力，他們更願意使生活過得輕鬆和平庸，不想透過奮鬥去獲得更多的東西。他們不敢「玩」對他們來說完全值得的遊戲。

如果一個人很希望自我提升和進步的話，他一定能找到機會獲得成功的。令人感到悲哀的是，那些本來能力很強的人，因為忽視了自我提升的機會，結果淪落到和智力低下的人一樣的結果。

人類最恥辱的事莫過於知道自己能力出眾，卻被困在低級的職位上，因為他們早期沒有受到與自己能力相稱的培養和訓練。如果受到正常的培養和訓練，他們能夠達到自己可能達到的百分之八十到百分之九十，但是由於無知導致他們達不到可能的百分之二十五，這是非常羞辱的事。換句話說，如果因為缺少培養和訓練而在生活中沒有很好地發揮才能，這是最令人痛心的事。

沒有什麼過錯比沒有準備好取得更大的事業成功而更令人悲哀的了。再沒有比因為沒有準備而被迫放棄好機會更痛苦的了。

生活中，很多職員、技師、雇員未得到和他們能力相稱的職位，重要的是因為他們沒有受過相關的教育。他們沒有知識，連一封像樣的信都不會寫。他們講的語言無法表現他本來很出色的能力，所以只能繼續留在平庸的職位上。

自然界的每件事物都在不停地變化著，不管以什麼樣的方式，既可能向好的方面也可能向壞的方面發展，既可能前進也可能倒退；如果我們不好好利用它們的話，我們就

留不住它們。

如果我們不用的話，大自然將收回我們的大腦和肌肉。當我們停止有效的訓練，停止運用我們的能力的時候，她會收回我們的技能。當我們停止鍛鍊的時候，同樣會失去我們的力量。

一個大學畢業生在離開學校很多年後會驚奇地發現，能體現他所受教育的只有他的文憑。在大學裡學到的東西早已失去，因為這些年根本就沒有用過。當剛剛完成考試，一切知識在他的頭腦裡都很清晰的時候，他覺得這些知識會永遠留在頭腦裡。但事實上，當他開始停止用這些知識的時候，這些知識就開始慢慢溜走，只有那些他經常運用的知識會保留下來並得到提升，其餘的會漸漸流失掉。

很多的大學畢業生在畢業十年後，發現自己在大學四年裡學到的東西所剩無幾，因為他們這些年根本就沒有用到這些知識。不知不覺中他們變得越來越虛弱。他們不斷地對自己說：「我有大學文憑，我一定有某種本領，我一定能做一番事業。」但是一張大學文憑不可能為你留住大學裡學到的知識，就像煤氣噴嘴上的一片薄紙不可能擋住管子裡的氣體一樣。

任何你不利用的東西都會從你身邊慢慢溜走。能力不會永遠留在我們身上，如果我們不利用我們的能力去做點什麼的話，它就會慢慢從我們身上消失。自我提升的工具就在你的手上，開始利用它們吧。

不要抱怨自己沒有上過哈佛大學，不要認為自己現在無法與哈佛大學畢業生相較，利用一切可以利用的時間來提升自己。如果你的機會有限，那就多用你的能量，多多努力去爭取吧。

開始的時候進步可能看起來很小，但是只要你堅持，就一定會成功。「循序漸進，積少成多」是知識累積的一般原則，只要你堅持自我提升，到時候你一定會成功的。

別為自己設限

事實上，沒有人願意平平庸庸地過一生。一般來說，我們往往會得到自己所期望的東西，所以，沒有希望就沒有收穫。

如果你所走的每一步最終都是通向失敗的，那你又怎麼能有希望達到成功的目標。成功的生活起源於你心中的理想。如果你內心的態度是與成功的生活相衝突的，那麼你的一生只能是平庸與失敗。行動上是一回事，心裡想的卻是另一回事，那是致命

的。因為每一件事都是源自於你內心的創造，人們在做每一件事情的時候必定是按照事先所設想好的程序來完成的。

然而，大多數人都沒有以正確的方式來面對自己的生活，他們所付出的努力很大一部分都被中庸化了，因為他們心中的理想並不與實際的努力保持一致。也就是說，他們在做著一件事的時候，心裡想的卻是另外一件事。於是，他們灰心了，他們退卻了，他們懷著錯誤的心態去追求一件事物。他們並非以一種必勝的信念來對待自己所從事的工作，要知道，信念是可以激發和推動人們努力的；他們也沒有以一種勇往直前的決心和信心來對待自己的工作。

正如奢望財富又總是擔憂過貧苦的日子，如果你想實現自己的理想，又懷疑自己的能力，這樣又怎麼可能成功呢？一個人在希望獲得成功的同時卻總是懷疑自己獲得成功的能力，這樣的處世哲學是不存在的，這樣做只能招致失敗。

一個人要想取得成功，就必須向成功看齊，向上看齊。他應該進取性地、創造性地、建設性地、思考問題，當然，首先他必須以樂觀的態度思考問題。

你所從事的事業的最終結果，往往取決於你開始從事時所定的目標。如果你期望的是成為一名平凡的藍領，那麼你就將注定無法得到提升。相反地，如果你乾脆回過頭來，堅絕不沾與消極相關的任何事情，那麼你就開始向成功邁進了。

一旦對自己產生懷疑，喪失信心，你就會成為一個失敗者。如果你想遠離失敗，那你就必須讓你的思想處於一個建設性的、充滿創造力的情境中。為了達到這一點，你必須有自信、樂觀、創新的想法，這就好比在雕塑之前一定要有模型一樣，在你能真正生活在一個新世界之前，你必須先預見這個新的世界。

有人處於這個世界的底層，有人處於次要地位，有人認為他們的機遇已經一去不復返了，所以他們認為自己再無翻身之日，但是只要他們知道逆向思維的力量，就會很容易擁有一個全新的開始。

如果你想招來好運，獲得升遷，你必須先消除懷疑。只要懷疑處於你和你的理想之間，它就將阻礙你成功。你必須擁有堅定的信念。要知道，沒有人能在確信自己無能的時候得到好運。「我不能」這一哲學比其他任何一種因素都要更嚴重地破壞你的事業。

要想成功，每個人都要向上看，而不是向下看。人要使自己往上爬，而不是趴在下面，就要拒絕懷疑自己的能力。上帝是按照自己的形象創造的人，所以就沒有什麼天意要讓你身陷於痛苦和絕望的境地。

人生來就是為了成功的，問題在於我們不僅不相信無限供給的自然法則，還封閉了

這一自然法則，以至於我們總是與成功無緣。哈佛大學畢業的人就是上帝欽定的成功者嗎？完全不是，如果他們不注意自我提升，照樣會失敗。

每個人都應該扮演自己理想與抱負中的角色。如果你試圖要成為一個成功者，你就必須扮演一個成功者的角色，絕不是弱小的而是生機勃勃的、果敢強悍的角色。你必須感覺到富裕，並且表現出成功，你的舉止應該充滿自信。你應該給人以這樣一種印象：你對自己很有把握，你足夠強大來扮演好你的角色而且能夠演得很完美。

試想，如果一個在世的偉大演員擁有一個為他量身定做的劇本，劇中他扮演一個賺大錢的、充滿活力的、積極上進的角色，這個角色是要憑藉他的氣質和儀態來駕馭的。如果這個演員在扮演該角色的過程中穿得就像一個不成功的人，以一種弓腰駝背、無精打采、漫不經心的狀態走在舞台上，似乎他沒有什麼抱負，沒有什麼精力，更沒有什麼生活可言，似乎他也沒有一種可以賺大錢或是成為一個事業成功者所必備的真正信念；如果他以一種畏縮的、躲躲閃閃的方式遊走在舞台上，還沒完沒了地說：「現在我都不相信我還能做曾經嘗試過的事情，對我來說那太難了，別人可以變得富裕或是獲得成功，但我做不到，反正美好的東西不像是為我準備的。我只是一個凡人，我沒有那麼多經驗，也沒那麼大自信；對我來說，認為我自己能變得富裕或是在這個世界上有很大影響都是自欺欺人。」

這樣的角色會留給觀眾什麼印象？他會散發出一種自信嗎？他會展現出一種力量與強悍嗎？他會使人們認為這樣一個弱者可以賺大錢，可以掌控一切能夠賺大錢的條件？很顯然人們都會認為這是一個失敗者。如果這樣的人還有想征服一切的想法，恐怕人們會笑掉大牙。

失敗本身並不像失敗思想那麼可怕。堅信我們是失敗的，而且我們應該繼續失敗，這種想法是致命的。這種思想態度是極具破壞性的，我們面對失敗而且對失敗過於妥協，以至於都不知道轉個念頭以一種勇往直前的決心脫離失敗。

如果我們能克服內心的失敗，我們便能很快克服外部的失敗，因為當我們的心態發生改變時，實際行動也會發生相應改變。

相反地，堅持失敗的思想，使自己終日被失敗困擾或與產生失敗的條件綁在一起；同時，不停地想到失敗，甘於貧窮，會讓我們心理變得失敗。這才是最可怕的失敗。

只有當我們的心理態度面向成功時，我們才能走向成功。只要我們是向著絕望的，我們就很難駛進歡樂的港灣。

一個人如果堅持以一種老是向著他的不幸與失敗前進，那麼他就不可能走向與之相

反的方向，即實現成功。

許多人既懼怕失敗又甘於讓自己生活在失敗中，他們讓自己終日生活在失敗可能到來的條件下，生活在可能沒有足夠東西來生存的惶恐中。

當你決定永遠與失敗脫離關係，你將不再與之發生關係，你將從你的衣著，你的個人儀表，你的舉止、言論、行為和你的家庭中徹底抹去失敗的痕跡；你將向這個世界展示你的真正氣度；你將不會再經歷失敗；你已經使自己面向美好的事物——能力與自立——堅信世界上沒有什麼可以改變你的決心，那麼你將會驚奇地發現，一個多麼大的推動力將會向你走來，你的自信、安心與自尊會有多麼大的增強！

下定決心將你所有的活力結合起來吧，既然這個世界上有給予每個人的足夠的東西，那你就應該擁有屬於你自己的那一份成功，而又不會傷害他人的利益，或是為他人設置障礙。你是為成功而生，為快樂而生的，你應該堅定地去實現你神聖的使命。永遠向上看，這是哈佛成功者最顯著的特點。

幾乎沒有人因學校教育而成功

據說，上帝任命了兩位天使，一位去治理一個帝國，另一位去掃大街，而且他們不能互相交換職責。其實，當一個人認為上帝已經交給他一項特殊的工作時，他只有全心全意地投入其中，他才能得到幸福。當一個人找到他夢想中的職位時還風華正茂，那麼他是幸福的。但是如果他不能勝任這份夢想中的工作，那麼也就沒有任何一份工作他能做得讓自己或別人滿意了，除非他已經找到了真正屬於自己的位置，不然的話，一個人天然的傾向永遠不會讓他停止追尋夢想，內在的天然傾向會一直縈繞著他，並驅使他行動，直到他那天賜的才能都表示滿意，回歸到真正適合他的港灣為止。

許多人認為法律、醫學和神學是適合每個人的最好職業，這一觀點是多麼的荒謬啊！比一輛大馬車在競技場上奔跑的表現更荒謬。有許多年輕人因為不假思索地模仿他們卓有成就的父親而成了沒有出息的職員。美國的大學生中有百分之四十二的人是學法律的，這難道不荒謬嗎？由於同樣的原因，我們的社會又有多少可憐的醫生和律師呢？在我們的國家，不適應自己職業的人多得數不勝數，他們尖酸、失望、討厭工作、窮困潦倒、缺乏勇氣、衣衫襤褸、毫無信譽，甚至露宿街頭。

事實上，從嚴格意義上來說，直接得益於學校教育而取得事業成功的大學畢業生幾乎沒有，而畢業之後的精心準備才是事業成功的基石。在大學裡老師授予的最好東西就是知道如何學習，而在他走出學校圍牆的那一刻，那些不能令他完全滿足的書本知識已經被停止運用了，而去尋找能夠真正滿足他的東西了。

要利用一切機會來提升自己

揚·林尼厄斯的父母發現他不適合做教士時，就把他送到大學去學習醫學。但是，一個默默無聞的、頗有耐心和智慧的老師，引導他進入了適合他的領域。這個領域是他內心的真正選擇，無論疾病、災難，還是貧窮，都不能把他從這個領域裡拉出來。最後，他成了那個時代最偉大的指揮家。

羅伯特·克萊伍夫這個一出生就被人稱為「弱智兒」的人，在學校裡也是所謂的「不可救藥」之人。但是，在三十二歲那年，他在普拉斯戰役中以三千人的微弱兵力打敗了敵軍五萬人的優勢兵力，從而建立了在印度統治的基礎。

塞繆爾·德魯被鄰居們看作懶惰散漫的孩子，然而，經歷一次險些喪命的不幸事件和他哥去世的打擊之後，他開始變得非常謹慎和勤奮，他甚至不能忍受浪費任何一點時間。他廢寢忘食地讀書，利用一切機會來提升和充實自己。他認為，潘恩的《理性時代》使他成為了一個作家。因為他付出了巨大的努力駁倒了那些對這部作品的非議，這使他首次以一個充滿智慧而又精力充沛的作家身分為眾人所接受和認同。

在母親的眼裡，威靈頓曾經是個差等生。在伊頓公學時，他被同學稱為笨蛋、白痴、弱智。因為他什麼都不懂，所以人們認為他什麼都得從頭學。他沒有表現出任何天賦，也沒有表現出任何要參軍的意願。在他的父母和老師眼裡，他那勤奮和堅毅的性格特徵是對他缺陷的唯一補償。但是，在他四十六歲那年，「戰無不勝」的拿破崙敗在了他的手下。

南北戰爭時期的著名將軍理查．謝里丹的母親曾經教授他一些最基礎的知識，但這彷彿沒有一點兒作用。後來，母親的離世使潛伏在謝里丹體內的天賦得以甦醒，其實這種天賦曾經在許多事件中有所表現。最終他成了美國南北戰爭時期最為光彩照人的傑出人物。

英國文學家戈德史密斯經常在學校裡遭到老師們的嘲笑。他在學校裡是一個劣等生，被稱為「木頭腦瓜」。他曾經被拒絕進入外科醫學班學習，因此不得不改學文學。戈德史密斯完全不能適應一個外科醫師的職責要求，但他卻能寫出《威克菲的牧師》

(*The Vicar of Wakefield*)或者《廢棄的農村》這樣偉大的作品。當強森博士發現他非常貧窮，因為債臺高築幾乎要被捕入獄時，他將《威克菲的牧師》一書的手稿賣給了出版商，並償還了戈德史密斯的債務。而這部書卻讓戈德史密斯名聲鵲起。

當拜倫在一次偶然的機會中獲得了班級第一的成績時，他的班主任卻輕蔑地對他說：「好的，拜倫，不久後我又會看到你排名倒數第一了。」英國小說家華特．司各特爵士(Sir Walter Scott, lst Baronet)曾經被他的老師稱為笨蛋。

發揮「潛在的」力量

知識有兩種：一種是一般的知識，另一種是專業知識。一般的知識雖然廣泛而且種類繁多，但是對於累積財富並沒有多少用處。著名大學裡的教授們擁有各種知識，但大多數的教授都沒有多少錢，因為他們專精於傳授知識，而不擅長於整合或利用知識。

知識本身並不能吸收財富，除非將知識加以整合和運用，並透過實際的行動計畫，去達到累積財富的明確目的。數以百萬計的人因誤解「知識就是力量」而感到困惑，這便是由於對此事實缺乏了解的緣故。

知識就是力量，這只是說，知識是「潛在的」力量。只有將知識整合成明確的行動計畫，並導向一個明確的目標時，知識才會成為真正的力量。

一個受過教育的人，不一定是具有豐富的一般知識或專門知識的人。而一個受過教育的人，卻肯定是思想意識得到相當發展的人，他可以得到他所希望的任何東西或同等價值的東西，而不侵犯別人的權利。

在第一次世界大戰期間，芝加哥的一家報紙連續發表了幾篇社論。在這些社論中，他們稱福特為「無知的和平主義者」。福特反對這種指責，於是控告該報誹謗他的名譽。

這件訴訟案在法庭開庭時，報紙所請的律師請求辯護，而且使福特本人走上證人席，以向陪審團證明福特的無知。這位律師問了福特許多各種各樣的問題，所有這些問題，都是讓福特自己來回答，福特對製造汽車也許有相當的專門知識，但就一般知識而論，他還是個無知的人。

護辯律師向福特提出了如下的許多問題：

「誰是班奈狄克·阿諾德？」

「英國為了鎮壓一七七六年的叛亂，派出了多少軍隊到美國？」

福特在回答後面一個問題時說：「我不知道英國派兵的確切數字，但是我卻知道一

個事實，派出的士兵遠比活著回去的多。」

到後來，福特對於回答這一類問題感到實在厭煩，在回答一個特別無禮的問題時，他傾身向前，手指著發問的律師說：

「如果我真的想回答你剛才問的這個愚蠢的問題，或者回答你所問的其他任何問題，那麼讓我提醒你，在我的辦公桌上有一排電鈕，只要按下某個電鈕，我便可將我的助理人員召來。只要我想知道，他們對於我花費最大心血所建立的企業中的所有問題，都能回答。現在能否請你告訴我，既然在我的周圍能提供我所需要的任何知識，難道只為了能夠答覆這些問題，我就應當在頭腦裡都塞滿這些東西嗎？」

這的確是一個很合乎邏輯的答覆。

律師被問得啞口無言。法庭上的每個人都認為這話是出自一個有教養的人之口，而不是一個無知的人的答覆。受過教育的人，知道他需要知識時從何處取得，並知道如何整合這種知識，使之成為明確的行動計劃。

亨利．福特在他的「智囊團」的協助下，成為美國最富有的人士之一，他掌握了他所需的大量專門知識，而且可以應用自如。至於他自己的心裡有沒有這些知識，這相對來說並不重要。一般來說，你人生的主要目的和你努力從事的目標，將幫助你決定你所需要的知識。

知識一經獲得，必須將其加以整合，並透過切實可行的計畫用以實現既定的目標。除非將知識用於有價值的目的，否則，知識並無實際價值。

如果你在考慮多受一些學校教育，則首先要決定，你尋求所希望的知識是為了什麼目的，然後要進一步知道從哪些可靠的來源能夠得到這種知識。

各行各業中的成功人士，莫不是從工作上獲得與他們的主要目標、事業或職業有關的專門知識。凡是誤認為學校教育一完成，尋求知識的時期就已經結束的人，通常是不會成功的。事實上，學校教育只是使一個人知道如何去獲得有用的知識而已。

公司選用人才的時候，最需要的是在某一個方面有專長的人選——商學院畢業的會計與統計師、各類工程師、記者、建築師、化學家，還有未來公司的領導者。

對於需要接受專業教育的人士，可靠與實用的方法之一，莫過於進夜校。凡是用函授方法可以進行教學的各種科目，在美國郵件所能送到的地方，都可以實行專業訓練。在家中學習的優點之一，是學習計畫有彈性，可以利用閒暇時間進修。在家學習的另一個優點是，如果所選的函授學校得當，則在學校所提供的多數課程中，你都可獲得極為充分的諮詢條件。這些對於需要專業知識的人，可能是無價之寶。無論居住在何處，你

都能分享到這種好處。

不費力氣和不付代價而得到的東西，通常是不被重視和珍惜的。我們的公立學校提供的條件雖然很好，但是所得到的成果卻不佳，其原因也許在此。函授學校是高度組織化的事業機構。它們收費低廉，所以它們不得不要求立即付款。一名學生無論成績好壞，學費非繳不可，所以產生一種功效，即是原來想放棄的學生，也要跟著把課程讀完。

就全世界的公立學校制度而言，要以美國最為龐大。但是人類有一個奇怪的毛病，只有對付出代價的東西才會珍視。美國免費的學校和免費的公共圖書館，給人的印象不那麼深。

「因為它們是免費的」，所以許多人在離開學校就業後，發現需要接受額外的訓練，其原因就在於這裡。雇主之所以對曾受過函授教育的雇員較為重視，這也是主要的原因之一。雇主們從經驗中獲知，凡是有決心犧牲一部分閒暇時間而在家裡自修的人，都有擔任領導工作的魄力。

某些人有一種無可救藥的弱點，那就是缺乏野心的人，尤其是拿固定薪水的人，如果能有計劃地利用他的閒暇時間，做些自修的工作，就不會長期做些小雜事。他的行動為他今後的發展掃清了許多障礙，並贏得了有能力讓他踏上成功之路者的好感。

讓你的「獵槍」不再「散射」

在今天，想要成功，一個人必須把自己所有的才能都集中在一個絕不動搖的目標上，還要具有那種不成功、毋寧死的堅韌決心，堅決壓制任何其他誘惑自己放棄目標的傾向。一個人就算是從事十幾樣他自己一知半解的生意，他也有可能會挨餓；但如果他做一樣自己完全掌握了的事情，就算這個工作是最卑微的，他也能夠成就自己。

英國前首相格萊斯頓擁有淵博而靈活的智慧，但他也說過：「我沒辦法同時做兩件事。」他做每一件事情都完全集中自己的注意力，哪怕是在娛樂消遣的時候也是如此。如果連格萊斯頓都需要如此集中自己的精力才能成功的話，我們這些平凡的人如果分散了自己的注意力，又怎麼能取得什麼偉大的成就呢？

偉大之所以聞名世界，就在於他們能夠集中他們所有的注意力，忘卻了他們的目標之外的一切事情，一次只射擊一個目標。亞伯拉罕．林肯具有非常好的集中自己注意力的能力，他能非常準確地重複他在自己孩童時代聽到的佈道的全部內容。

據說，有人發明一種不讓獵槍的子彈射散的方法，而且很有效。於是，一位紐約的運動員寄出了二十五美元購買。最後他得到了如下的一句話：「親愛的先生，想要讓槍

的子彈不再散射，請你每次只裝進並且射出一顆子彈。」

在世界上往往是那些只做一件事情的人能夠走在前列。偉人們從來不從他們自己的專業中跨出一步，也不會讓自己的個性消失。

一個只有一項才能的人，如果能專心於一個明確的目標，他就能比一個有十項才能然而卻將自己的精力分散、不明白自己到底正在做什麼的人獲得更大的成就。世界上最弱小的生物，如果能將自己所有的力量都集中於一個地方，它也能有所作為；然而最強大的生物，若將自己的力量分散在許多地方，也許最終它什麼都做不了。

一個偉大的決心是逐漸累積起來的。而且，就像一塊大磁鐵一樣，它能吸引在生命的過程中一切與之類似的東西。

只有那些專一的人，那些觀察力敏銳的人，那些有著獨一無二但有非常強烈決心的人，那些思想單純的人，才能突破道路上的障礙，穩步前進到隊伍的最前列。在從前培根能夠把自己的知識擴展到世界的各個領域，現在那樣的日子已經一去不復返了。

過去在巴黎大學，但丁能同時與十四個與自己意見相左的人辯論，並且擊敗了所有的人，現在這已經不可能了。那些一個人能夠同時從事十幾個行業並且都獲得成功的日子已經過去了。德雷克．鮑克在一次哈佛大學新生歡迎儀式上表示，集中自己的精力是二十一世紀的主旨。

科學家們推算出，只要把五十英畝土地上的陽光集中起來，就能產生巨大的能量，並且足夠世界上所有機器的消耗。但是，散射在地面上的太陽光永遠不會點燃地面上的任何一樣東西。使用放大鏡來集中這些陽光射線，就連堅固的花崗石也會熔化，或者甚至讓鑽石變成氣體。

很多人都擁有足夠的能力，換句話說，他們的能力「射線」都是不錯的，但是他們卻碌碌無為，因為他們無力去把這些「射線」集中在一起，從而讓所有的能量聚集到一個地方。多面手、萬事通，通常都是很弱小的，因為他們沒有辦法讓自己的才能聚集到一個點上，而這正是成功和失敗之間的差距。集中在一個方向使用的某項才能要比分散使用的十項才能更有用。然而，現在似乎很流行去嘲笑那些一心一意的人。可是，事實卻讓嘲笑者受盡愚弄，因為那些站在世界最前列改變了整個世界的人都是只有一個單一目標的人。

在如今這個專長的時代，如果一個人不是一心一意，沒有保持一貫的態度，保持一貫的熱情，那麼他是不可能出名的。一個人要想在這個熙熙攘攘的星球上讓別人知道他的成就，一個人要想突破現代文明中堅固的保守主義，他就必須把自己所有的精力全部

集中在一點上。一個人如果經常改變目標，不斷動搖決心，在這個世紀是找不到生存的一席之地的。精神上的動搖是很多失敗教訓的原因。世界上有很多不成功的人，他們失敗的原因都是想用空桶從枯井中打水。

歌德曾說，如果我們不可能精通使用自己的一種才能直至達到完美的時候，那麼我們就不應該使用它；如果非得要去加強這種才能，那麼我們通常都會發現，當這種才能的優點最後展示在我們面前的時候，我們會因為在這種無聊的事情上面浪費的時間與精力都太可惜了。一句老話說得好：「精通於一項生意的人能養活一個妻子和七個孩子，而精通於七項生意的人連他自己都難養活了。」

一心一意的人才能勝利。有著眾多野心的人很少在歷史的名人堂裡面刻下自己的名字，因為他們沒有足夠持久地集中自己的力量。

成功的人都有自己的計畫。他能找到自己的目標並為之堅持到底。他做出計畫，並且實行計畫。他徑直奔向自己的目標。每次當他前進的道路上出現了困難的時候，他不會被強迫著選擇這條路；如果他不能克服這個困難的話，他就會停下來好好查看一下這個困難，並且被困難所俘虜。

持續地把自己的才能集中在一個中心目標上，會給自己帶來巨大的力量。反之，如果沒有目標地濫用自己的才能，這樣只會削弱自己的力量。一個人的思想必須種在一個明確的目標上面；否則就像一部沒有平衡輪的機器一樣，最終會自行散架。

這個追求集中注意力的年代，不僅僅需要受過教育的人，需要天才，更需要那些受過訓練能夠去完成一件事情的人。拿破崙就能夠比自己手下的任何一個人更加出色地操練自己的軍隊。

一個人如果頻繁地更換自己的工作，對任何最後的成功都是致命的。一個求職者，或是一個創業者，只有牢牢地堅持自己的目標，才有可能成功。一個年輕人在一個紡織品商店裡做了五六年的生意之後，他覺得自己還是應該做食品雜貨店的生意。他就將自己五六年寶貴的經驗完全拋棄了，因為這些經驗對於他的新工作一點幫助都沒有。

於是，他就將自己生命中的大部分光陰都浪費在從這個行業換到那個行業，每一樣都學一點，但是沒有一樣學完整，他忘記了經驗對他來說遠遠比金錢更有價值，而且忘記了他花費那麼多年的時間來學習做生意有多麼的寶貴。半途而廢的生意，就算一個人擁有二十種，也絕對不會為他帶來好的生活，更不會帶來什麼能力，財富就更不用說。

有多少年輕人在達到對自己的工作非常精通的程度之前就因為一點阻礙而放棄了自己的工作轉而從事別的事情！要看到自己工作裡面的「刺」與看到別人工作裡面的「玫

瑰花」是多麼的容易啊。舉個例子，一個做生意的年輕人看見一個大夫坐著馬車在城裡面奔忙，看望自己的患者，於是他想像做醫生會有輕鬆、理想的生活，然後想到自己今後要從事的工作裡會有多少苦差事和困難。可是，他沒有想到那位醫生經歷了多少年的枯燥、無聊的學習，用了好幾個月甚至好幾年的時間來等待患者上門，他必須學習解剖學那枯燥的細節，還有那些紛繁複雜的藥名和專有名詞。

所有的成功人士他們都是終生從事一項行業，這已是不爭的事實。然而我們在各個領域都可以看到年輕的男孩們和女孩們從這個職業換到那個職業，從這個生意轉到那個生意，——就好像只需要轉動一個開關就可以完成似的，就好像他們能隨時從一條軌道跑到另一條軌道上去，而且運行得還跟以前一樣好：不管這兩個職業所帶來的挑戰是不是一樣，不管在別人修建的路上自己的引擎能不能像別人一樣跑得又快又好。

這種浮躁，這種從一種職業換到另一種的情況，在美國人的生活中尤為明顯。到最後以至於當一個年輕人在街上遇到了一個兩個月不見的朋友的時候，問得最為普遍的問題就是：「你現在做什麼？」這說明他已經不確定自上次見面之後對方是不是已經換了工作。有人認為，只要他們「不斷地努力」，他們就能獲得最終的勝利。但是事實往往不是這樣。沒有目標的努力就像在大海中沒有羅盤的幫助卻在不停地航行一樣。

沒有明確目標的生命肯定會被浪費在空虛和沒有意義的美夢中。我們到處都能看見那些「忙碌的紈絝子弟」、「匆忙的懶人」和「沒有目標的好事者」。對於一個沒有目標的生命而言，治病的良方是一個健康的、明確的目標。在明確的目標面前，不滿和牢騷都會消失。要是我們沒有目標，滿腹牢騷地去做一件事，其結果就會成為別人的笑柄；如果不是滿懷著熱情去做一件事，那麼這件事肯定不能順利地或者很好地完成。

一個人可能會有無窮的精力，但他不可能職業成功，因為光靠精力是不夠的，精力必須集中在某些持續不變的目標上面。那些「失敗的天才」和「天生的才能」失敗的例子實在太常見了。的確，「一無所獲的天才」現在已經變成了一句諺語了。除非能夠做出點成就，做出點成績，否則教育和才能都是毫無價值的。這個時代不需要那些什麼都會一點或者所有的方面都知道一點的人。

這個時代需要的是那些能夠在做一件事情的時候保持自己個性或特性的男性和女性，他們在工作的時候不會變得越來越狹隘，不會拘束，不會停滯不前。沒有任何東西能夠代替一個能夠吸引所有人的目標，教育不能代替，天分不能代替，才能不能代替，勤奮不能代替，意志力也不能代替。

沒有目標的職場注定就是一個失敗。如果我們不把力量和才幹用於實現自己的目

標，它們還能有什麼用處呢？如果有一箱工具，木匠不去用它們，那這些工具的存在又有什麼價值呢？大學的教育和一顆充滿智慧的腦袋，如果不被人用來實現一個明確的目標的話，就全變得一文不值。

一個沒有目標的人永遠也不會在世界上留下什麼痕跡。他沒有個性，他消失在群體之中，因為弱小、搖擺不定的他無法勝任任何工作。

德雷克．鮑克建議，職場中人，無論是做雇員，還是自己創業，都應選擇一個目標，把全部精力都集中在這個目標上；也只有這樣，你才有可能職業成功。

矢志才能不落空

德雷克．鮑克認為，除非你矢志要完成某事，堅持不移，不否則你的專向只能落空。埃德姆德．基恩認真執著地堅持，最終在同輩人中聲名鵲起。他只是一個矮矮的黑人，而且他的聲音非常刺耳，但是年輕的時候，他就下定決心在馬辛格的戲劇中扮演吉爾斯．歐幾里奇先生，這個角色從未有人成功扮演過。他堅持不懈地努力著，沒有什麼事情能使他沮喪退縮。這份努力使他的表演最終獲得了巨大的成功。

如果一個人面對兩件事時總是猶豫不決、不知該先做哪件，他將一事無成。而一個人，雖然很有決心，但如果他的決心總是受到持反對意見的朋友的影響——在不同觀點之間搖擺不定，在不同計畫之間難以取捨，像風向標一樣隨風轉向、反覆無常——那麼他一定成就不了大事業。與其事事都想做成，不如停在原地，靜觀其變，甚至後退一步，也未嘗不可。

正是因為堅持，人類才能建起壯觀的金字塔、耶路撒冷華麗的聖廟、中國雄偉的萬里長城；正是因為堅持，人類才能征服風雨肆虐、聳立雲端的阿爾卑斯山，在茫茫的大西洋中建起一條水上公路，夷平新大陸的莽莽叢林，在那兒建立起一個個國家和民族。

堅持，能使一塊大理石變成一件精美絕倫的天才作品，能使一塊帆布上誕生最貼近自然的畫卷，能在金屬的表面上刻下精彩絕倫、難以言表的圖案。

堅持，使數以百萬計的紡錘轉了起來，使許許多多太空梭在空中翱翔，為成千上萬的貨車配置了「鐵馬」，使它們在城鎮之間、甚至國家之間穿梭來往。

堅持使人類從自然的千姿百態中總結出許多科學知識，掌握它的規律，預測它的將來，探測它不為人知的領域，並且計算它們的距離、尺度和速度。

經過努力得到的一美分比輕易得到的一美元更為牢靠。一匹速度雖慢但堅持行走的

馬將勝過風馳電掣但無長勁的賽馬。天才一日千里，但會焦躁、會疲憊，而有毅力者一日百里，且日日如此，必將獲勝。時時刻刻都在奔跑著的馬會贏得比賽的勝利，毅力堅強的人贏得榮譽。拚盡全力的一擊往往有意想不到的作用。

塞洛斯．W．菲爾德，一位成功創業家，當他從商界引退的時候，已經累積了大量的財富。而這時他卻對在大西洋中鋪設海底電纜這一構想發生了極大的興趣，這樣歐洲和美洲就能建立電報連繫。塞洛斯．W．菲爾德決心傾其所有也要完成這一事業。

前期的準備工作包括建造一條從紐約到紐芬蘭聖約翰的電話線路，全長一千多英里。這其中有四百多英里需要穿過一片原始森林，為此他們不得不在鋪設電話線的同時修建一條穿越紐芬蘭的道路。這條線路中還有一百四十多英里要通過法國的布列塔尼，建設者們在那兒也投入了大量的人力。與此相同的還有鋪設通過聖勞倫斯的電纜。

經過不懈的努力，塞洛斯．W．菲爾德得到了英國政府對他的公司的援助。但是在國會裡，他曾經遭到了一個很有影響力的團體的強烈反對；在參議院表決時，塞洛斯．W．菲爾德的方案僅以一票的優勢獲得通過。英國海軍派出了駐塞瓦斯托波爾艦隊的旗艦阿伽門農號來鋪設電纜，而美國則由新建的護衛艦尼亞加拉號來承擔這一工作。

在鋪設過程中，如果沒有超凡的毅力和矢志不移的決心，根本不會鋪設成功，由於一次意外，已鋪設了五英里長的電纜卡在機器裡，被折斷了。在第二次實驗中，船隻駛出兩百英里時，電流突然消失了，人們在甲板上焦急沮喪地來回走動，似乎死期就要來臨。正當菲爾德先生下令要切斷電纜的時候，突然又神奇地恢復了。接下來的一個晚上，船隻以每小時四英里的速度移動，而電纜以每小時六英里的速度延伸，但由於剎車過於突然，船隻猛烈地傾斜了一下，電纜又被卡斷了。

一個不會輕言放棄的人，即使遇到再大的打擊和挫折也會堅持到底。菲爾德正是這樣一個人。他重新購買了七百多英里長的電纜，委託一位精通此行的專家設計一套更好的鋪設電纜的機器設備。美國和英國的發明家齊心協力地工作，最後決定從大西洋中央開始鋪設兩段電纜。

於是兩艘船開始分頭工作，一艘駛往愛爾蘭方面，另一艘駛往紐芬蘭，每艘船都各自承擔一頭的鋪設工作。大家希望這樣能夠把兩個大陸連接起來。就在兩艘船相距三英里時，電纜斷了。人們重新連上了電纜，但是當兩艘船相距八十英里時，電流又消失了。電纜再次連上了，大約又鋪設了兩百英里之後，在距阿伽門農號二十英呎處，不幸電纜又斷了，阿伽門農號隨即返回了愛爾蘭海岸。

專案負責人都感到非常沮喪，大眾開始猶豫不決，投資商開始退卻。如果不是菲爾

德先生不屈不撓、日以繼夜、廢寢忘食地工作，說服眾人，整個工程專案早就被放棄了。終於開始了第三次嘗試，這一次成功了，整條電纜線順利地鋪設完成。幾個信號在大西洋上傳送了將近七百多里時，電流突然中斷了。

許多失敗，就是因為缺乏不屈不撓的毅力。缺乏毅力，會使一個今天的百萬富翁成為明日的正丐。

大家都失去了信心，只有菲爾德先生和他的一兩個朋友仍然對此抱有希望。他們繼續堅持工作，並且說服了人們繼續投資進行試驗——一條嶄新的更為高級的電纜由大東部號負責鋪設。大東部號慢慢地駛向大西洋，一邊前進一邊鋪設。一切都進行得很順利，直到距離紐芬蘭六百英里處，電纜突然折斷沉入海底。幾次撈起電纜的嘗試都失敗了，這一專案也因此停頓了將近一年。

但是菲爾德先生並沒有被這些困難嚇倒，繼續為自己的目標努力。他組建了新公司，並製造了一條當時最為先進的電纜。一八六六年七月十三日，試驗開始了，這一次成功地向紐約傳送了訊息。

一個成功的人，更多的是依靠他的毅力，而不是他的力量、朋友以及周圍有利的環境。天賦在努力面前顫抖，權勢在勤奮面前屈服。才能是人人都希望具備的，但是毅力更是必不可少的。毅力，是征服者應有的勇氣，是一種卓越超群的品德。憑藉毅力，人類才得以對抗命運，改變世界，靈魂才得以拯救物質。因此，這是福音所賦予人類的力量，它在社會中所發揮的重要作用——無論是在職場中或是在生活方面——無論怎麼強調也是不為過的。

一直堅持下去，到最後就能克服最大的困難。誰也無法阻止一個有決心的人走向成功。前進路上的絆腳石將會被他當作自己向上攀登的階梯，一步一步邁向更大的成功。拿走他所有的錢，貧窮將激勵他奮勇前進。

如果一個人從來沒有為自己生活奮鬥過，從來沒有感受過在絕境中奮鬥的傷痛，那麼他並不了解成功的真正含義。

堅持不懈地努力，永不休止地奮鬥，戰勝種種艱難險阻，這就是成就大事業需付出的代價。

第四章　辦公室人際策略

巧織人際關係網

戴爾．卡內基曾經說過：「一個人的成功，百分之十五來自於他的專業知識，百分之八十五來自於他的人際關係。」人際關係在成功中的比例是否如此精確，無以查證，但人際關係的確是成功的決定因素。那麼，編織人際關係網該從哪幾個方面著手呢？

主動與人聯繫，是建立「關係」中最基本的原則。不要與朋友失去聯絡，不要等到有麻煩時才想到別人。刀只有常磨才不會生鏽，朋友只有常主動聯繫，友誼才不會變味。「感情投資」應該是經常性的，從生意場到日常交往，都應該處處留心，善待每一個關係夥伴，從小處著眼，時時落在實處。

你可能遇到過這種尷尬：想到某人可以幫忙，本想馬上找他，又想，過去有許多時候本該去看他們，結果沒去，現在有求於他時才去找他，會不會太唐突了？會不會遭到拒絕？所以，你平時應盡可能與值得做朋友的人多聯繫，經常進行感情投資。

現代人生活忙忙碌碌，很多人都有忽視「感情投資」的毛病。一旦關係好了，就覺得沒必要再去維持它了，特別是在一些細節問題上，例如該通報的訊息不通報，該解釋的情況不解釋，結果日積月累，便會逐漸疏遠。如果你連一個分離幾年的朋友有沒有結婚都不知道，很難認為他還是你的朋友。

人的精力是有限的，在建立關係網時，不要盲目，否則會使你整天為應付自己找來的關係而叫苦連天。

設計「聯絡圖」也許並不難，難的是把它的內容落到實處。首先要「識」。也就是說，對於那些與自己所求助的事情有重要關係的部門人員一定要清楚、熟悉他們的工作內容和業務範圍。

其次要「識路」，也就是說，要熟悉辦事的程序，先從哪裡開始，中間有哪些環節，最後由什麼部門決定，都應非常清楚，省得跑冤枉路。

要織一張好的關係網，先得篩選。把與自己的生活範圍有直接關係和間接關係的人記在一個本子上，把沒有什麼關係的記在另一個本子上，把有用的留下，把無用的扔掉。

其次，分析自己認識的人，列出哪些人是最重要的，哪些人是比較重要的，哪些人是次要的，這要根據自己的需求來定。由此，你自然就會明白，哪些關係需要重點維繫和保護，哪些只需要保持一般聯繫，從而決定自己的交際策略，合理安排自己的精力和時間。

最後，對關係進行分類。生活中一時有難，需要求助於人的事情往往涉及到許多方面，你需要各方面的幫助，不可能只從某一方面獲得。

有了一張好的「聯絡圖」後，聰明的人就會懂得如何保護和維護這張圖，使它一直有效並不斷擴大。一張合理的人際結構圖，必須是能夠進行自我調節的動態結構。

在實際生活中，需要調節人際結構。在實際生活中，需要調節人際結構的情況一般有三種：你的奮鬥目標變了，比如棄文從商，這需要你及時調節人際結構，以便為新的目標服務。本來在A地工作的你，忽然到B地去工作，這種環境變動勢必引起人際結構的變化。

朋友之交，最重要的是「信任」二字，一旦對朋友產生懷疑，也就是友誼消亡的開始。不管是有意的還是無意，嘲弄別人，都會讓被嘲弄者在心理上造成巨大傷害。沒有「口德」，經常毫不留情地嘲弄別人的人，除了要受到被嘲弄者的忌恨外，還會受到大眾的唾棄，慢慢地就會變得越來越孤立。

在人際交往中，人們常常為了迎合某個人或某些人而把自己裝扮成另一種人。比如，某些人心術不正，經常對不幸的人落井下石，人們為了不和這些人發生衝突或不得罪他們，往往會裝作贊同他們的行為。雖然這樣做能獲得某些利益，但同時失去的則更多。任何偽裝都會造成自己心理上的傷害乃至心理上的變態，迎合某些低級、庸俗或在道義上、道德上站不住腳的東西，會使你自己降低乃至損害你在大眾面前的形象。

有些人在人際交往中經常要別人順從自己，而從不考慮人家是否心甘情願。在他們看來，所謂朋友，就是要順從自己的意願和要求。實際上，這種人的周圍是不會有多少真朋友的。經常干涉別人的自由，對方心裡肯定不痛快，這種情緒累積到一定程度，就會導致關係破裂。

愛是一種愉快和喜悅的感覺，這種感覺不只是發生在你所愛的人身上，而且還發生在被愛涉及的所有人身上，當然也包括你自己。愛別人和被別人愛都很幸福。愛這種感覺會使人覺得到處都充滿了美和快樂。被愛的陽光照射的人會覺得自己非常堅強、寬厚，而且充滿了生命的活力愉快相處。

和別人一起做一些愉快的事情，並且多多益善。不管是做什麼事情，只要使雙方愉快就行。比如一起就餐、郊遊、旅行、聽音樂會、看電影、看戲、打球、打牌、逛街等等都可以。要設法使雙方由衷地快樂相處，共享愉悅和滿足。心情不愉快又不準備向朋友傾訴時，則不宜相處，以免引起誤會。

要使自己變得討人喜歡，應當盡可能地順從別人，不要攻擊別人，尤其是不要觸及別人的傷疤，多說別人想聽的話，尤其要多聽別人想說的話。

當一個人竭盡全力使別人喜歡自己的時候，可能會降低他自身的價值。因為他的許多主觀能動性無法發揮，缺乏鮮明的個性，因而無法給人留下深刻的印象。別人很可能會這樣說：「他呀，整天都是那個樣子，一點也沒有個性，老是急著討好別人。」

被別人喜歡的正確方法，就是培養自己討人喜歡的特性。換句話說，就是培養鮮明的個性，如豪放、直爽、真誠等，以吸引大批有良知的人在自己周圍，而不要一味迎合。換句話說，你只需吸引能被你吸引的人，而不是每個人。

假如一個人在什麼問題上都附和別人，毫無主見，或者有主見也不敢表達出來的話，就很難贏得有識之士的喜歡。所以，不能無原則地附和別人，該堅持的就要堅持，不該讓步的堅絕不讓步。

關心別人，也是編織人際關係網中一個很重要的原則。首先要學會「領會」別人的感受，而這可以先從分析自身的經歷入手。一個人倘若能記得住自己的感受，通常也可以體會到別人在相同情況下的感覺。例如，當你生病的時候，你有一種孤獨無助的感覺，希望有人來看望你或陪陪你。所以，當你的好朋友生病時，你會立即想到他這個時候最需要的是什麼，你自然就會承擔起這個任務。

假如對方願意的話，你可以盡量多了解你的朋友、同事的感覺、經歷和現在的生活。要盡量記住他們所說的話，並且嘗試著體會他們的經歷和感受。你越這樣做，就越覺得容易體會別人的經歷和感受，而且做起來也就越自然，你也會覺得自己和周圍的人越來越密切了。事實證明，越是關心他人的人，就越是能夠受到別人的尊敬和喜歡。

當一個人遭遇挫折或不幸時，周圍的人大都會深表同情並盡可能地加以安慰。而當一個人成功時，周圍的人卻不願和他在一起分享快樂，這也許是妒嫉心所引起的反應。如果一個人真的是出於妒嫉而對朋友的成功表示冷漠的話，那麼他就是一個非常差勁的朋友。如果你的朋友有什麼快樂的事，你就去真誠地祝賀他，以擁有這樣的朋友為榮，並分享他的快樂。這將使他感到更快樂。

儘管你不是哈佛畢業生，沒有廣泛的人際關係，但如果你能積極地與人相處，同樣可以建立有效的人際關係網。這是每一個職場中人必不可少的。

友誼的推動作用

人生在世，有幾個知己是最幸福的事了。無論你家資萬貫，還是身無分文，他們對你的情意會忠貞不諭，當你身處困境時，他們會傾其所有，盡力幫助你度過難關。

在美國爆發南北戰爭之時，幾位總統候選人的條件是人們談論最多的話題。一次，有人對林肯談了自己的看法，他說：「林肯唯一的財富就是擁有許多知己，其他一無所有。」的確，林肯十分貧困，在他當選為州議員時，他身著的高檔服裝還是借錢買的，以便在公眾場合出入時顯得比較正式，而且他在就職時是徒步走去的。而林肯在當選為美國總統後，竟不得不向朋友借錢把家搬到華盛頓，這已成為一段趣談了。林肯雖然在物質上一貧如洗，但友誼上卻是個富翁。

朋友都有彼此共同的愛好，盡其所能地幫助對方在生活中取得成功，對事業上大力協助，並且為對方所取得的每點進步和成功都感到高興。朋友是無聲的同伴，朋友是另一個自己。可以想像得出，世界上沒有更崇高、更美麗的東西能夠比得上朋友的忠誠。

西奧多．羅斯福假如沒有來自於他朋友們強有力的、無私的和熱心的幫助，即使他的個人能力再傑出，也做不出如此大的成就。事實上，如果不是他的朋友們，尤其是他在哈佛大學所交的知己們的傾力相助，他能否當選為美國總統還真是一個未知數呢。不管是在候選紐約州長期間，還是在競選美國總統期間，他的許多同學和大學校友們都為他不辭辛苦地奔波。他在自己所成立的「曠野騎士團」中享有很高的威望，他們都以朋友相待。最終在他競選總統中，他們為他在西部和南部贏得了成千上萬張選票。

友誼的推動作用

讓我們體會一下擁有真摯熱心的朋友的幸福吧！他們總是記掛著我們的每一件事，時時刻刻都在為我們服務，他們會利用一切機會鼓勵我們、支持我們，在我們不在的場合，他們會毫不猶豫地代表和維護我們的利益。我們自身的缺陷和不足，他們會幫助我們改正。他們會堅決制止和反駁有可能對我們造成不利影響的流言蜚語或無恥謊言，而且還會努力改變他人對我們的不良印象，給我們以公正的評價，並且想盡一切辦法消除因為某些誤解，或者是因為我們在某些場合拙劣的表現而導致的惡劣影響。一句話，在漫漫的人生之路上，推動我們前進或者在緊要關頭助我們一臂之力的，就是我們那些忠誠的朋友們。

如果沒有朋友替我們共同承擔那些殘酷無情的打擊和攻擊，並耐心地撫慰我們受傷的心靈，我們中又有多少人將會落到臭名昭著、傷痕纍纍的境地啊！如果不是因為有朋友，我們中的許多人將會失去很多很多。同樣道理，如果沒有朋友們自始至終地盡其所能為我們開闢道路和提供方便，如果沒有朋友們為我們帶來顧客、客戶和生意，我們中的許多人將會在經濟上陷入困境。

在我們失敗、氣餒、軟弱時，朋友總是不遺餘力地幫助和支持我們。對於我們的缺點、不足、短處和刻骨銘心的失敗來說，朋友意味著一種莫大的恩惠。

在現實生活中，沒有什麼比看到一個人想方設法在他朋友的缺點或傷疤之前善意地保持沉默，為他朋友抵禦來自於冷酷無情者或魯莽草率者惡意的攻擊，並站在最前面高聲地宣告他朋友的德行更令人感動的。我們不能不由衷地敬佩這樣的人，他們才是我們真正的朋友。

在現實社會中，沒有什麼比幫助一個真正的朋友更神聖的了，在這個世界上，能夠意識到我們的一舉一動都密切關係到一個朋友的榮譽的人很少，實際上，我們所做的報告，我們對他人的言論，很可能影響他的成功或失敗。如果我們縱容某一醜聞毫不顧忌地傳播，它極可能將某人一生的名譽毀於一旦。

在我記憶的書本中，書寫著一件最令我感動的事，那就是一個真正的朋友一如既往地去幫助一個已經喪失了自尊和自律，甚至墮落為不知人性的人。這才是真正偉大的友誼。實際上，友誼始終忠誠地站在我們身邊，即使我們自甘墮落、厭棄自己時也依然如此。我曾經認識一個忠誠地站在朋友身邊的人，他的朋友因終日酗酒和各種各樣的罪惡而被家人趕出了家門，即使連家人都厭棄了他，這位朋友依然對他關愛如初。有幾次他因酗酒而不能站立，倒在冬日的街旁，幸虧他的這位朋友及時趕到才使他倖免於凍死在街旁。有多少次，這位朋友離開自己舒適溫暖的家而到骯髒齷齪的棚屋裡尋找他，使他倖免於警察的逮捕，幫他抵禦寒冷的侵襲，這個墮落的人最終被偉大而無私的愛和奉獻感化了、拯救了，重新找回了已經失去的自我，並重新回到了親人們中間。這種偉大而真摯的友誼的價值能夠用金錢來衡量嗎？

朋友能夠真正影響我們的一生命運。有人倖免於墮入絕望的深淵，是因為背後有強有力的忠貞友誼的支持，因而沒有放棄對事業的執著追求。又有多少人對生命絕望時，想到還有人深愛和信任著自己，從而回心轉意，重塑自我啊！因為朋友的失誤，還有多少人心甘情願地承受因此而帶來的苦難啊！很多時候，來自於朋友的鼓勵或者善解人意的話語，會讓你因此而改變一生的命運，因為，你感受到了那種髮自內心深處的震撼和感動。

有許多人長期忍受著苦難、疾痛和世俗的流言蜚語的折磨，而始終充滿必勝的希望，他們之所以堅持這樣做的原因就在於他們擁有朋友的大力支持，還有那些熱愛和相信他們的朋友，還有那些能夠在他們身上挖掘其他人所無法挖掘的優點的朋友。如果僅僅是從自身出發，如果不是因為朋友的緣故，那麼，也許很早以前他們就不再追求生活和事業的目標了。

友誼的推動作用

朋友的信任推動我們不斷前進。這種信任能夠在很大程度上激勵和鼓舞我們努力奮

鬥，因為很多人對我們誤解和鄙視，而朋友仍然真正相信我們的能力。悉尼．史密斯(Sydney Smith)說：「眾多的友誼構建了生命，無窮的幸福存在於愛與被愛之中。」

我們開創事業的最有利資本是我們擁有眾多的朋友，當初如果不是朋友的支持，那些現在成功的大人物也許早已在事業生涯中的某些危機時刻放棄打拚、放棄追求了。真誠的友誼能夠使生命中荒涼貧瘠的沙漠變為草肥水美的綠洲。

有人認為命運是友誼決定的，如果你擁有忠誠的朋友給予你的莫大支持，那麼你將得到朋友帶來的成功良機，在某一行業或某一職位上施展自己的才華。

如果我們能夠將那些成功人士以及那些為同事及下屬所推崇的人的生活仔細分析一下，並找出他們成功的祕訣，那將是一件十分有意義的事。

戴爾．卡內基曾經對某個人的事業進行了一段時間的仔細觀察和研究，得出這樣的一個結論：在所有促進他成功的因素中，廣交朋友的能力要占去百分之二十的比例。實際上，他的這種能力培養早在他童年時期就已經開始了。他是個對周圍人有強烈吸引力的人，他對他的朋友仁至義盡，他的朋友也非常願意與他交往，願意傾盡全力幫助他。當他踏入社會開創自己的事業時，他的這些肝膽相照的朋友發揮了極大的作用，他們不但竭盡全力為他創造各種成功的機會，還千方百計增加他的知名度。可以這麼說，由於他的這些朋友傾盡全力的幫助，他的能力奇蹟般增加了許多，身上的光環也似乎膨大了許多、燦爛了許多，一句話，他開創的事業由於他朋友的無私幫助而致成功的機率大了許多，困難少了許多，大大縮短了成功進程。

但事實上，有很多人無法認知這一點，或者雖然認知到朋友對自己的支持幫助有益於自己事業上有所成，但並沒對此作過很高評價。他們多數把自己事業上有所成就全部歸功於自身努力和自己擁有的聰明才智、精明幹練以及自己物資上的投入，他們對大談特談自己的才幹和輝煌業績樂此不疲，他們潛意識裡忽略了朋友對他們無私的幫助和支持。科爾登在談到這個問題時，頗有感觸地說了這麼一句：「朋友的無所求的幫助與健康一樣，往往在失去的時候人們才意識到它們的真正價值。」

朋友的原則和立場往往會影響到你為人處事的標準和方向，因此，你應該明智地選擇那些在各個方面都比你強的人作朋友，這並不是要你攀結那些物質上富有而精神匱乏的富人們，而是要你結交那些有著高尚人格、交際廣泛、有著現代文明素養的人，從他們身上汲取到有利於你成長和發展的營養。在與他們交往的過程中，你的理想會逐漸得到提升，你追求的目標會更遠大，而且會付出比平常更多的努力，使自己逐漸靠近有利於自己發展的地方，最終成為一個世界矚目的成功人士。一八六一年三月三日，馬薩諸

塞州的州長安德魯在給林肯的信中寫道：「我們接到你們的宣言後，就立即開戰，盡我們的所能，全力以赴。我們相信這樣做是遵從美國和美國人民的意願，所有的繁文縟節都被我們完全摒棄了。」一八六一年四月十五日上午，他收到了華盛頓軍隊發來的電報，而第二個星期天上午九點，他就作了這樣的記錄：「所有要求從馬薩諸塞州出動的兵力已經駐紮在華盛頓與門羅要塞附近，或者正在去往保衛首都的路上。」安德魯州長說：「我的第一個問題是採取什麼行動，如果這問題得到了回答，那麼我就該考慮下一步做什麼了。」

拿破崙知道，每場戰役都有「關鍵時刻」，把握住這一時刻就意味著戰爭的勝利，稍有猶豫就會導致災難性的結局。因此，拿破崙非常重視「黃金時間」。拿破崙說，奧地利軍隊的失敗是因為奧地利人不懂得五分鐘的價值。據說，在滑鐵盧企圖擊敗拿破崙的戰役中，他自己和格魯希在那個性命攸關的上午就因為晚了五分鐘而慘遭失敗。布呂歇爾按時到達，而格魯希晚了一點。就因為晚了一點，拿破崙被送到了聖赫勒拿島，從而改變了無數人的命運。

英國社會改革家喬治．拉斯金說：「從根本上說，一個人個性成型、沉思默想和希望受到指導的階段是人生的整個青年階段。青年階段無時無刻不受到命運的擺佈，某個時刻一旦過去，將永遠無法完成指定的工作，或者說如果沒有趁熱打鐵，某種任務也許永遠無法完工。」

遵循獲得友情的規則

如果你想朋友遍天下，那就遵守下面的五項規則吧！

第一，與自己做朋友。如果你想成為別人的朋友，那麼你首先要成為自己的朋友。如果你毫無自尊，那麼你也無法尊敬別人，甚至對別人充滿敵意。你的圖謀不軌將被其他人覺察到，因此你也得不到真正的友誼。你的處境和不幸也許會得到他人的同情，但是真正的友誼不會輕易與你牽手。

第二，主動接近別人。這一點非常重要。當你想與某個初次相識的人交流時，你不妨竭盡所能地將你的想法表達出來，隨便談什麼都可以，只要不失態就好。如果你陷入窘境，並希望對方能夠接受你，就不要覺得自己的行為不夠穩重；如果你講了一個笑話，也不要認為自己會被人嘲笑。盡可能去尋找具有積極個性和美德的人，不要苛刻要求，要摒棄這種思想，因為它對友誼毫無益處。

第三，換位思考。把你自己與別人的位置調換一下的想法會幫助你獲得友誼。如果你能夠想他人所想，急他人之所急，並且盡量正確，那麼你將感受到他的需求，並且在你的能力範圍以及你們的關係程度之內，竭盡全力地滿足他的需求，你將更加了解他的內心世界。當你有意表現自己的寬大時，你可以讓他感受到你的寬大。如果他在有些方面十分敏感，你應盡量避免讓他感到難堪或不安。如果他是個值得結交的朋友，他會感激你的仁慈，而且會用他自己獨特的方式回報你。

第四，接受他人的獨特個性。在彼此間坦誠相處時，每個人都會表現出與眾不同的個性特點。這是客觀存在的，也是無可避免的。別人是別人，你是你；你尊重別人，別人也會同樣尊重你。想要強迫別人接受你自己先入為主的觀念，這是作繭自縛的行為。如果你採取這樣的錯誤做法，你將會失去一位朋友，而得到一個敵人。

第五，盡量滿足他的需求。在這個既殘酷又現實的世界裡，人們常常是看重自己的需求，而忽略他人的需求。盡快從這種情況中解脫出來吧！多為他人著想，你一定會成為他人的知心好友。許多人喜歡把自己的觀點強加給別人，別人只能洗耳恭聽。這不是交友之道，真正的交友之道是彼此之間要真誠地溝通。

如果你能夠有效地應用我給你的最聰明的交友忠告，你的朋友將遍布世界的各個角落。

你的思想和行為時刻受自我心像的左右，當你與別人相處時，你對自己的感覺將不可避免地時時影響你對他人的想法，影響你與他人交往的方式。

如果你覺得自己毫無價值，那麼你很可能歪曲了你的想法，使你的想法陷入了下述幾種形式：

❖你不合群，限制了任何自發性的行為。你自甘墮落，縱容自己，自我封閉，逃避現實。

❖你身陷孤獨，以挑剔的目光審視他人，並且將自己懦弱的自尊提升到誇張的高度。

❖你口若懸河，並且開始對自己吹毛求疵。你的這些言行，無非是要極力地證明自己並不是一個一無是處的人。

❖你如鬥雞一樣總與別人一爭高下，想成為最終的勝利者，使自己凌駕於他人之上。

在現實生活中，這樣的人多如牛毛，我們很難與這樣的人和諧相處。你自己可能依賴上述的自衛行動。假如果真如此，你現在就應該在與別人相處時，加強你的自我心像，只有這樣你才不必祈求他人給予你友情，而是自然而然地與他人建立起真正的友誼。

你要時刻告訴自己，你是代表上帝，祂塑造了你，讓你擁有一顆博愛的心；祂創造了你，讓你具有溫情和人性，儘管這些美德偶有模糊，但它一定潛伏於你的身體裡。

將童年時代友誼的純真與美好牢記在心，竭盡全力地將你在童年時代的點點滴滴，以及你和你的夥伴相處的美好時光生動而詳實地記錄在你的腦海中。重新捕捉你在童年時代最美的時刻，回味當時的情景。你要讓你意識中的各種負擔消逝殆盡，讓你的感覺重新恢復，讓你的精神恢復往日的活力。

對於別人給你一生的愛憐要給予更多的關注。你不要悲天憫人，斤斤計較。從頭開始，你要回想你母親照顧你的恩德，或者感謝你父親對你的體貼。沉醉在以前的幸福時光當中，回憶當時大家對你的衷心祝福，而你又怎樣跟你所信任的朋友共享彼此的信心。如果你過去的生活十分窘迫，那麼你就回憶一些單獨的事情吧，只要透過這些事能夠使你感受到別人對你的真正關愛和憐憫就足夠了。盡量讓你的愛心維持活潑並隨時關愛他人吧，因為它們是你的自我心像不可或缺的部分。如果你的心中愛意缺乏活力，那麼，你不會獲得快樂而幸福的生活。

每個人的情感都會留有傷疤，但是你一定要把這些情感傷疤從你的腦海中剔除。如果這些情感傷疤總是控制你的思想和行為，那麼你的生活將毫無幸福和快樂可言。如果你想對自己產生實際的想法，那麼你就不要自怨自艾。

你要學會接受自己的缺點，如果你對自己要求過分嚴格，那麼你的自我心像將會變得非常脆弱。你無時無刻敵視你周圍的事物，懷疑有人注意你的缺點和錯誤；你還對別人吹毛求疵，這使得他們認為你與他們格格不入。如果你接受了自我的本來面目，你會發現你能夠很容易地將友誼贈予別人，並且得到生活中最美好的經驗。

有些人一直未能公平地對待自己，所以他們在一生中只結交了幾個朋友，並且覺得自己處在被愛遺忘的角落裡，而事實並非如此，任何人都有其可愛之處，只不過那些可愛之處沒有被發掘出來罷了。

自尊和友誼需要你自己去努力爭取。無論多麼艱難，你都要鍥而不捨地勇往直前，因為沒有人會助你一臂之力，你自己的事只有你自己才能解決。對於這個練習，你要反覆實踐，它一定會對你的未來大有裨益。

創造強大的親和力

在奇妙的自然界，每一束無聲的光，每一滴安靜的露珠，每一種悄然進行的化學反應，都可能產生神奇的變化。這些寂靜的力量往往勝過暴風驟雨、閃電雷鳴的力量，往

往能催生出一個了不起的將來。

在人類社會裡，最強大的力量就是默默的愛的力量。

一個愛占小便宜且斤斤計較的女人和一個溫柔賢良、包容有度的女人，對家庭生活產生的影響截然不同，前者營造的是喋喋不休、吹毛求疵、令人煩燥的氛圍，後者則只會讓生活更溫馨、更甜蜜。

對於許多家庭來說，性情急躁的女人不僅會擾亂家庭的和睦，還常常攪得四鄰也不得安寧。不可想像，一個年輕人與這樣性格的女孩建立起的家庭，會是什麼樣的生活狀態。

溫柔善良、處事大方、鎮靜安詳的女人，能夠很好地掌握情緒波動的尺度，無論她的外在條件多麼差，她都要比那些外表靚麗、精明過頭、性格刁鑽的女人更吸引男人，更適合做妻子。

平易近人、心平氣和的人，無論從事何種職業，無論在家裡還是在社會上，都能很好地處理公共關係、和諧地與人相處，而這種和諧就是健康、就是幸福。

有點醫學常識的人都清楚，脾氣暴躁、易怒的人有害健康，會使生活品質急驟下降，長期如此，則可危及生命。

男人最希望在女人臉上找到和平、穩重的神情和充滿愛心的微笑；最頭痛看到由於發怒、妒忌留下的皺紋。

和善可親是美麗容顏的保護神，壞脾氣則是其最強勁的敵人。即便是傾國傾城的美貌，也抵不住粗暴脾氣的摧殘，不久就會變得醜陋和可憎。一些資深醫生認為，哪怕是一點點火氣，都會縮短一個女人的壽命。當然，男人也同樣如此，只是這種副作用在女人的身上更為突顯。對於許多女人來說，青春和美貌比什麼都重要，但她們卻往往忘記了更重要的一點：性情易怒、變化無常、妒忌心強、受挑剔、譏諷別人等等不良習慣，都會在她們的臉上刻下難看的皺紋。

心理醫生認為，臉部是身體的一面鏡子，一個人神經系統的緊張和不協調都可以在臉部反映出來。每當心緒煩亂或發脾氣時，都會耗損一定的神經能量，眼睛也失去了往日的亮光，鬆弛無力的肌肉昭示著人失去了朝氣，臉上的皺紋也顯示了身體極度不適。

與女人不同，男人認為心情舒暢、精神放鬆最重要。平常人則認為安靜詳和的家庭生活更重要。一個情緒波動大，稍不如意就大吵大鬧的人，對於維繫家庭日常生活的寧靜是不利的。這樣的人正如炸藥一樣，一遇火星，立即爆炸，其後果難以預料。

但是，很可惜，在我們的教育系統中，並沒有加強培養和善可親的力量，也沒有強

調好性情在創造和諧環境、維護健康和追求幸福生活方面所起的積極作用。

盡人皆知的名家、名人往往有自己獨特的一套方法，能夠把自己白水般波瀾無奇、乏味的生活，調和得如陳年老酒般甘甜醇美、回味無窮。有的人喜歡把遭遇的每件事都批判一番，而另外一些人則把它們視為有趣的回憶，這就是不同之所在。

有些人習慣換一種方式面對生活，他們可以把生活中的烏雲變換成色彩豔麗的朝霞，這種轉變同時也激勵著他們，使他們更有信心和力量來承擔生活的壓力。他們的笑臉就像燦爛的陽光普照每個家人、每個角落。他們的好心情感染著每個家庭成員，為家人驅走惱人的惡魔，帶來快樂的天使，讓一切美好的東西提升到更高的位置。

反之，另一部分人則總是以憂愁、鬱悶的心態面對生活。與他們相處，你會不自覺地情緒低落，有一種窒息感。別人的一點點成績，總是讓他感到嫉妒和不安。他們的思想呆板、歪曲，與他們在一起的人也無法正常思考。他們尖酸刻薄、指桑罵槐、惡意刁難，簡直令人無法接受。

有一個女孩子，當她認知到自己身材和容貌上的缺陷時，並沒有自暴自棄，而是開始加強性格方面的修養，後來，她終於成功了，人們完全忽略了她難看的容貌和不勻稱的身材，她用另一種美掩蓋了自然缺陷，讓生活變得絢麗多彩起來。

這個女孩的臉一邊大一邊小，高高的鼻樑，長著一雙斜視眼，嘴巴很大，牙齒也不很整齊，身材上身太長，下身太短。要是一般的女孩，早就把自己鎖在房間裡，不說話，也不見任何人，完全封閉起來。但是她卻克服了自己身體上的缺陷和心理顧慮，走出房間，走向人群。誰都知道，她很自愛，因此從沒有人嘲笑她的外貌，繼而排斥她。正是培養了一種超凡脫俗的優雅氣質，一種艱強、嚴謹的性格，她徹底改變了自己。當你與她交談時，你會為之傾倒，她身上有一種難於言表的東西吸引著你，那是美好心靈的自然流露，你能夠真切地感覺到，她很重視你、正關注著你。

這是一種美德的展現，是來自內心深處的美，不像那些外表上的美，經不起歲月考驗，很快就變得蒼白空洞，毫無吸引力。來自心靈的美是永恆的，不會隨著時間的流逝而枯萎。然而，這種美往往只在相貌平平的女孩子身上才容易找到。心靈之美沒有年齡差距，永遠放射光芒，即使你步入老年時仍能顯示其魅力的光彩，也就是說，只要擁有平和的心態、樂觀的心情和飽滿的熱忱，你就永遠年輕。無論你的外在條件多麼差，努力培養心靈美吧，它能讓你煥發美的氣質，也可以感染你周圍的人，讓他們受益其中。

世界上沒有哪個評估大師能估算出優雅性情的價值是多少，但卻可以感受到擁有它的人為我們帶來的美好時光。他生活的每一個角落，都似開滿了鮮花，花香怡人；無論

身處何地，他都播下快樂的種子，驅走鬱悶，燃起希望之火，他就像初升的太陽，帶來一片光明，受到這種美的薰陶，任何粗莽和不文明行為都會為之改變。在我們的生活中，和善可親的個性對於另外一個心靈是最大的安慰。它的光輝讓任何浮華黯然失色，它是你贏得更多友誼的法寶。

猶豫躊躇、不肯付出的人是愚蠢的，就像一位小心謹慎的農夫一樣，自認為來年的乾旱會讓所種的糧食顆粒不收，也就無心去備耕，與其讓種子枯死在地裡，還不如放進糧倉裡，當作來年過冬的口糧。結果，旱災沒有像他預想的那樣如期而至，他的鄰居們獲得了大豐收，而他自己只好忍飢挨餓艱難度日。

一個偉大的慈善家說，施捨財富實際上是變相儲蓄財富，表面上好像是失去了它們，其實自己得到的更多。我們所給予的東西就像進了聚寶盆，可以得到無數倍的回報，這是一種世界上最有遠見，也是獲利最豐的投資專案，財富累積就像滾雪球一樣無限度地增大，付出！付出！再付出！是我們物質免遭貶值、精神免於枯萎的偉大保障，它同時也使我們的生活變得多滋多味。

一毛不拔的心態是在自取滅亡。一個從未關心幫助過別人的人，一旦被要求付出一點時，總是會抓緊錢包，顯出事不關己、高高掛起之神態。這樣的人從來不關心周圍的人和事，只願關起窗獨享自己的財富，只想索取不願給予，長久下去，他們只能變得渺小、自私自利，讓人瞧不起。

這些人的心理是扭曲變形的，他們把正常的愛心和同情心包藏得嚴嚴實實，並用冰塊封閉住，以為這樣最安全、最保險。事實上，這種冷漠無情、毫無憐憫之心恰恰在漸漸銷毀他們自認為保存得天衣無縫的東西。他們的靈魂已經被自私和貪慾所吞噬，心理變得狹隘、封閉，生怕一句溫暖的話、一點愛心、一個笑臉會讓自己失去什麼。這種人完全喪失了幫助鼓勵他人的憐憫之心，更不會給他人帶來幸福，最後，他們變成了窮光蛋，名符其實的一無所有。

一個身材魁梧的人看見一個面黃肌瘦、尚未充分發育完全的年輕人正在健身，就對他說：「年輕人，不要再練了，留些體力給工作吧，把力氣都消耗在雙槓和啞鈴上是很不值的，你身體這麼瘦弱，這樣下去會出毛病的。」

「您錯了，好心的先生，你不懂得這種鍛鍊的益處所在。如果我想更有力量，首先必須得付出。當我把體力用在這些器材上後，我會得到更多的體力，而且，我的肌肉也會不斷強壯起來，就像您一樣更有力、更健壯。」年輕人喘著氣說。

付出越多，自己的財富反而會增加越多，一心一意地貯藏反而越剩越少，這就是財

富增加或減少的基本法則。

就拿玫瑰來說吧，自私的玫瑰說：「我不要綻放花蕾，不要散發寶貴的香味，那照耀萬物的陽光和滋潤萬物的雨露都應該屬於我一個人。」同時這朵玫瑰還會找出一大堆理由來掩示自己的私心，它說：「為那些急步匆匆、粗心大意的人吐納芬芳實在是一種浪費，他們根本不留意這些。」但這麼做的後果卻是，花蕾未放即凋，枯萎死去，被清掃工人扔進了垃圾箱。再看看另外一朵慷慨大方的玫瑰，它說：「我會盡量綻放我的花朵，最大程度地散發我的芳香，希望每一個過路的人都能夠看到我的美麗而心喜，聞到我的香味而振奮精神。」結果，這朵玫瑰愈加豔麗、芳香，路人都能感受到它的美。也許它並不是最大的一朵，也許也並沒有那麼香，但只要真心付出了，就會有所收穫。此時，它會驚奇地發現，陽光、雨露和土壤裡的養分使自己更茁壯地成長，開出的花朵也更大、更美，散發的香味更迷人，同時也得到了更多人的關注和讚賞。

養成樂善好施的習慣，並落實到行動上，遇到情緒低落的人不忘說句鼓勁的話；對那些從事低層工作的人，如清掃工人、報童、建築工人、飯店或餐館的服務員以及辦公樓裡的勤務工，不忘記經常說一聲「謝謝」；對於孤寡老人和失學兒童，不忘給予自己的愛心和同情心，如此等等。這樣做以後，我們的心胸會更開闊，靈魂會更高尚，也會使我們的生活像綻放的玫瑰一樣更美麗、更幸福。

這種肯付出、肯奉獻的品質，使我們在生活中能夠發現很多值得給予、需要幫助的人或事。那些背著生活重擔艱難前行的人需要鼓勵的話語，還有許多人需要我們付出愛心或者是拉一把，當然，我們不可能完全了解自己給予的小小幫助，是否會像撒下的種子，茁壯成長，結出纍纍的果實，但至少有一點可以肯定，一顆受傷或疲憊的心，在得到陌生人的鼓勵後，定會大受鼓舞，堅定信心，勇敢面對生活的挑戰。一句關心的話語、一個信任的眼神、一次有力的握手，都會給那些絕望中的人以力量、以堅強，從此改變自己的生活。

世界上有一種最為貴重的禮物是用金錢買不到的，它代表的不僅僅是禮物，更重要的是一份愛心。聖誕節快到了，一個長著一雙大眼睛的小女孩打破了自己的儲蓄罐，用裡面所有的錢為她的爺爺買了一張精美的賀卡，並在上面工整地寫上：「爺爺，我愛你，非常愛你。」這張小小的賀卡表達了小女孩多麼真實的心意啊！它又映射著多少世間純真之美啊！這個小女孩給我們上了一堂意義深刻的情感課。

不論你擁有什麼，都不要忘記與他人分享，那樣才會快樂。但要真心實意，口是心非地付出只會招來反感。這個世界最珍貴，最需要的就是愛心。一位偉人曾說過：「讓

你的愛心在的你生命之路開滿鮮花吧！這樣你一路都會有鮮花相伴。」

想一想，你日常最習慣以什麼樣的表情示人？是呆板冷漠、一臉嚴肅，還是沉穩有佳？是怒氣沖天，還是默默安靜？是粗魯還是貪欲盡顯？周圍的人對你是笑臉相迎呢，還是避而遠之呢？如果有人一見到你就想躲開，那你就太可憐了。

表情的力量不容忽視，是人們每天生活中的一件大事，我們千萬馬虎不得。

有一位主管，他的臉上總是洋溢著微笑，不管對工作還是對生活，不管他遇到多麼令人生氣的事，你都不會從他臉上找到蛛絲馬跡，即使心中的怒火立刻就要爆炸，顯現在他臉上的仍然是平和可親的笑容。他的眼睛裡總是流露出笑意，好像自己發現了寶貝一樣。

很多人都想探知他的成功祕訣，因為他們實在找不出他的過人之處。其實，他的法寶正是他臉上始終展現的迷人笑容，那是他擁有的一筆巨額財富。

如果你也能像這位主管那樣笑對生活，那麼你不僅會贏得友誼，還會找到成功的機會。無論你遇過多麼棘手的事，心中有著多大的委屈，這種樂觀向上的心境都會使你愉悅，與人和平友好相處。

一位成功女士說：「我覺得微笑是無價之寶。」所以她所到之處，總要以自己甜美的微笑感染他人。於是，每一個為她提供服務或方便的人，都很心甘情願。正是這位女士友好的微笑影響並感動了他人，她也因此得到了更大的回報。

人生短暫，需要我們做的事卻很多，不要讓失望、灰心喪氣浪費生命中的每一秒，用希望、躊躇滿志真實地走出每一步，才最具意義。人生本來充滿了快樂，只要你很好把握就會得到誠摯的回報。當你買冷飲時，讓人擦皮鞋時，走出餐廳時，或擦完車時，面帶微笑向他們致謝，你會使他們心花怒放感到工作是值得的，覺得你這個人有一顆愛心，即而給你發自內心的祝福，世間還有什麼比這更美好的事呢？它比那些所謂的要事更有價值，能夠從根本上改變我們的生活。全心全意地給予吧，給予他人的越多，得到的回報也就越多，你的生活也一定會布滿彩虹。

世界是心靈的鏡子

有一個小女孩，她總說自己的生活中滿是幸福，因為每個人都非常愛她，她不明白為什麼有的人悶悶不樂，有的人要泣不成聲。其實，她之所以得到人們的愛，正是因為她也同樣有一顆善良的愛心。她熱愛大地，熱愛世間生靈，熱愛一切，而那些得到她愛的萬物，無不向她表達著心意：「生活多麼美好啊！」

可是，為什麼有些人卻極不願以這樣的心態來面對生活呢？從宗教角度來說，萬事萬物都是神的意志。若遵循上帝的本意來生活，以實事求是的態度看待生活，而不是用占卜來指導一切，不是用有色的目光來審視生活，相信世上的萬事萬物也會對我們說：「生活真美好，一切都那麼相得益彰。」如果我們懂得知足常樂，就不會產生不滿情緒，就不會怨天尤人，生活也就永遠幸福、甜美。如果我們每個人都能尊重現實，誠摯地生活，世上也就沒有富人與窮人之分，沒有痛苦與快樂之別，有的只是幸福、完美。

每天一出門，見到的都是一張張自私、貪得無厭的臉，遇到的全是假公濟私的人，那該多麼悲哀呀。這樣的人是這個世界的垃圾，完全與宗教理念背道而馳，更與天國的和諧相去甚遠。這一張張憂愁、悲傷的面容，又怎能與溫暖、甜蜜的笑臉相比，這些顯現在臉上的美是與豔麗的花朵、翠綠的田野、幽靜的森林和啾鳴的鳥兒相關的啊！

貪心不足、自私自利和臭名昭著，在天國裡是沒有容身之地的，人類也要將其驅逐。錯誤的思維方式、放縱的生活習慣是這些罪惡的根源所在。

只有無私的心靈才能與上帝溝通，才能發現事物積極的一面；只有神聖而純潔的靈魂才能發現美，認清生活的本質。醜陋的、錯誤的以及邪惡的思維方式，只會蒙蔽自己的雙眼，看不到外在的美好。我們必須摘掉眼前的紗簾，用積極向上的生活理念去面對生活，探視世界，這樣才能真正體會到上帝給予我們的愛，也才能更好地去愛每一個人。

如果我們想做到外在美和內在美的完整統一，就必須把貪婪、自私和假公濟私的想法徹底清除掉，也要消除破壞別人和給別人設置障礙的想法，從而淨化思想，建立起井然有序的生活空間。

不幸的是，許多人往往禁不住物質利益的誘惑，讓那些雜質汙染了自己的思想，眼光和思維變得遲鈍起來，於是，除了暴利和物慾之外，什麼也看不見。在這些人眼裡，世界昏天黑地，世上的一切都是混濁不堪、毫無信譽的。

我們應該清楚，我們的所思所想，以及我們有意識的行為決定著我們對事物的認知和把握，正由於此，我們很難看清一件事物的本來面目。一個人首先要用思想、動機和行為來認識世界，所以，如果這個人的行為坦蕩、思想高尚、動機純潔，那麼他就是一個完美的人，在他身上我們將看到一切美好的東西。反過來，一個品行不端的人，給社會帶來的只是下流、骯髒和極其危險的因素。因此，我們必須拆除擋在眼前的柵欄，開闊眼界，以良好的動機、純潔的思想，支配端正的行為，這樣才能對社會有一個正確的認知。

你有沒有這種感覺，由於你經常出言不遜、舉止粗魯、一觸即發的臭脾氣，使你的許多朋友、同事和客戶都對你心存不滿，漸漸冷漠起來。生活中，每個人都喜歡追求輕鬆愉快的感覺，努力擺脫愁苦和煩悶，每個人都願意心存感動和溫暖，盡力摒棄冷酷和漠然，那麼，我們也應該轉向陽光明媚的一面，把那些陰影拋之腦後，避免困擾我們美好的生活。

如果每個人都能夠接受並願意去實踐樂觀生活的藝術，那麼世界將產生翻天覆地的變化。拿出時間來培養這種藝術造詣吧，它會為你帶來全新的生活，會讓你對生活更加熱愛。即使你身處逆境，對生活失去信心，它也會使你重拾生活的勇氣，擺脫困境，變得樂觀向上。

陽光是萬物生存的必要條件之一，沒有了陽光，生物不會生長人類的生命和力量也不會誕生，而黑暗是沒有生命和希望可言的。熱情奔放、活力四射的人才是我們樂於看到、接受、鼓掌歡迎的，而那些愁眉苦臉、憂心忡忡之人，我們是不應許其進門的。擁有明快愉悅的心靈，是人生最大的快事。時時面帶陽光般的微笑，是幸福的真諦。

我們認識世界的同時，也在不斷地改造周圍的環境，以利於我們更好地生活。思想消極的人，不懂得改造創新的好處，只是不停地報怨生活的不公和黑暗。這些悲觀主義者看到的都是生活中的陰暗、汙穢、腐敗和貪婪的一面，所以他們說社會正在退步，而樂觀主義者則從積極的一面認知社會，信仰人人平等，並盡量去創新，他們是推動文明的進步的力量。慈祥溫和的臉映照出來的是寬厚和安詳，能夠減輕生活帶來的壓力；而一張拉長的臉，只會加重憂愁和痛苦。憂悒的人對生活只能是草草應付，而樂觀的人則精神抖擻主動面對生活。

一個人的精神面貌很大程度上取絕於本身的心境和品格，整個世界其實就是一個人內心的反映。如果我們情緒低落、愁容滿面，反映出來的就是悲觀和絕望。如果我們心平氣和、熱愛生活，世界回饋給我們的就是幸福。

一個人所及之處，認為任何事物都意味著幸福和快樂，每個人都是和善可親的，每個人都很有禮貌，樂善好施，那麼他一定有種滿足感。反之，如果他對看到的每個事物心存不滿、吹毛求疵，那他根本不會快樂，也感覺不到生活的美好，長此以往，就會變成一個厭世主義者。

世界是一面回音牆，可以把我們對於生活的不滿或感激一絲不差地回饋回來，世界更是一面鏡子，我們對它扮鬼臉，它就對我們扮鬼臉；我們開懷大笑，它也對我們開懷大笑。

朋友是一面鏡子

朋友是一面明查秋毫的鏡子，它比水晶透明，比泉水清澈。詆毀、陰謀、諂媚絕不應該發生在這些明如鏡子的朋友之間。

伊利諾斯州的一位律師說：「林肯除了朋友外，一無所有。」他說的沒錯，林肯的口袋裡分文沒有，但卻珍藏友誼這個無價之寶。他就是在朋友們的無私幫助下，取得了事業上的成功。伯利勛爵談到一個人的處世原則時說：「誠信是贏得支持和財富的法寶。」

朋友對於初涉社會的青年來說尤為重要。它是創業的基礎，是成功的堅強後盾。在生活中，志同道合的朋友比錢財和學識顯得更重要。

美國第二十任總統加菲爾（James A. Garfield）就讀於威廉姆斯學院，在那裡，他與校長馬克·霍普金斯結下了深厚的友誼。許多年後，當他登上總統的寶座時，他說：「如果我能夠再回到童年時代，如果同時有兩所大學讓我做出選擇，一所是環境優美、設施精良、藏書豐富，但教授平庸的大學；一所是地處深山老林、條件簡陋，甚至只有一間草屋、一張草蓆，但有著像霍普金斯博士那樣優秀睿智、知識淵博的教授大學，那麼我會毫不猶豫地選擇後者。」

而查理．詹姆士．福克斯（Charles James Fox）卻在早期的家庭教育中，跟埃德蒙．伯克（Edmund Burke）染上了很多惡習，令人非常痛心。當然，歷史上也不乏誠摯偉大的友誼改變了一個人的性格、甚至一生的例子，這樣的朋友、這樣的友誼，讓人頓生敬佩之感。

沒有友誼的力量，許多人根本走不到成功那一步，正是因為有了朋友的鼓勵和幫助，他們才重新振作起精神、鼓起勇氣堅持了下來，直到最後成功。那些著名人物、成功企業家，以及在媒體上得到讚美的人，他們的背後都少不了默默無聞的妻子、母親、兄弟姐妹和其他朋友的激勵和無私的幫助，否則，其成功是不可想像的。

有些人成功後幾乎想不起，或者根本就不去想朋友在自己成功的道路上曾經起了多麼大的作用。他們把所有的功勞都歸為己有，把輝煌的頭銜都戴在自己的頭上，然後大說特說自己的眼光多麼獨到、判斷力多麼強，曾付出的勞動多麼艱辛。然而，如果我們直接或間接否定朋友給予的支持，忽略他們曾提供的重要建義，拋開他們給予的幫助和引導，我們中絕大部分人將會發現，自己為成功付出的只占很小的一部分。

一個剛剛工作的年輕律師通常要占用大量的時間和精力去結交朋友，培植友誼，因為這些朋友會對他日後成為有名的大律師有很大幫助。他的朋友會告訴別人，他如何地

能幹、如何地敬業，像他這樣的人才，即使成為議員、最高法院的大法官也不足為奇。這樣的口碑對於他來說太重要了。沒有這些朋友的宣傳、推薦與支持，即使這位律師的能力再強，再能善辯，對法律條文的理解再透徹，也不會有人願意冒險去委託一個經驗不足的年輕人來承接自己的公訟案件的。

朋友的支持對於一個年輕的醫生也同樣至關重要。如果沒有朋友的幫助，即使他經過充分準備，對自己的醫術再胸有成竹，要想讓人們相信他的醫術高明，還是有一定困難的。但要是他的朋友在別人面前稱讚他的醫術，告訴別人他曾經很快醫好了自己的病，而且服務態度非常好，那麼，很快人們就會對他另眼相看，他的診室門口也會熱鬧起來。

與律師和醫生相比，小商人只是在形式上略有不同。他要想打開局面，必須先贏得大眾的好評和認可，商業領域有個信條：「顧客就是上帝，滿意的顧客就是最好的廣告。」因此，他只能以誠信示眾，盡量達到顧客滿意，然後那些得到良好服務的顧客就會很樂意把這家店介紹給別人，並建議別人去試一試，這樣小店的生意自然興隆起來。

認為朋友的價值展現在為自己賺錢的多少上，這是對友誼的一種嚴重曲解，只是站在商業利益角度去挑選自己的朋友，這說明我們還沒有抓住友誼的本質，沒有具有一種高尚品格，也不會擁有真正意義上的友誼。

希里斯博士曾說過：「友誼與一個人的命運緊密相聯，當年輕人忽視他身邊的朋友時，其成功的機率就定會大大降低。」的確，友誼對一個人的性格影響極大，在與朋友相處過程中，我們或多或少總會染上他們性格中好的或壞的一面、高尚的一面或卑劣的一面，正如查理．金斯萊（Charles Kingsley）所說：「如果一個人與謊言家交朋友，他就會謊話連篇；如果一個人與嘲諷者交朋友，他就喜歡冷嘲熱諷；如果一個人與貪婪的人交朋友，他就會變成一個『鐵公雞』；如果一個人與仁愛的人交朋友，他也會樂善好施。」

比徹說自己在讀了英國著名藝術評論家拉斯金的作品後，心靈像是經過一次洗禮，整個人也變了。是的，我們最好的朋友往往就是那些偉大的作家。在一種高尚友誼的感染下，在一個崇高靈魂的鼓舞下，人們會真正認識自我，重新審視自我，從而樹立起完善自我的信心，這樣的朋友往往只能在閱讀了偉大作品後才能找到。

有些人就像一股清新的微風，讓人頓覺神輕氣爽，與他們在一起，我們充滿生機與活力，我們會妙語連珠、幹勁十足；而在相反的情況下，我們就會呆頭呆腦、行動遲緩。所以說，一個思想高尚、心態健康的人可以帶動你的思維，提升你的能力，激活你的智力，豐富你的情感，激起你表達的欲望，喚醒你內心深處的靈感。反之則會抑制你

的思想，封閉你的情感，讓你回到孤獨的自我世界中去。

愛默生說：「可以使我們竭盡所能、全力以赴的朋友才是我們真正需要的朋友。這樣的朋友有一種責任感，與他們在一起，我們覺得自己很偉大。他們深深地吸引著我們，為我們開啟了生活之門。在他們那裡，無論多麼難解的問題都可以得到透徹的解答，使我們的理解力得到提升。一個真正的朋友就像一臺挖土機一樣，挖掘出我們的全部潛能。」

許多人的人生轉變都來自良師益友的激勵和榜樣的力量。一個並不優秀的學生，在洞察力敏銳的教師的悉心調教下，會振作起精神，走出痛苦的陰影，變得光芒四射。通常情況下這樣的學生都有一種自卑心理，認為自己毫無優點，但是這些老師卻能看見他們身上別人看不見的長處，並鼓勵他們發揮所長，改掉缺點，做一個優秀的學生。可見，身邊有著眼光獨到的良師益友有多麼重要！那些賞識我們，幫助我們增強信心，為我們的成功保駕護航的人，才是生命中最珍貴的無價之寶。

菲利普斯．布魯克斯過人的記憶力被許多人羨慕以至敬仰，他自己也從沒懷疑過自己的能力，也正因為此，他讓自己的能力超乎尋常。布魯克斯的經歷激勵著很多智力平常的人，使他們平靜下來重新審視自身蘊藏的能量，從而感覺自己就像一個超人，能夠做到從前想都不敢想的事。同時，與布魯克斯交往過的人也會認知到：如果一個力非凡，實際上卻自甘平庸；如果能夠昂首闊步，實際上卻屈膝爬行；如果能夠追求深遠，卻滿足於平淡，那麼他是卑賤、可鄙的人。

無法想像，沒有真正的友誼，沒有來自友誼的鼓勵、幫助和快樂，世界將是一番怎樣的景象。古羅馬政治家、哲學家西賽羅曾說：「沒有了生活中的友誼，就等於地球上失去了太陽，太陽是偉大的上帝賜予我們的最好禮物，友誼是我們快樂的根源所在。」

友誼不是單方面存在的，它建立在互相幫助、互惠互利的基礎上。一個人一毛不拔卻能收穫頗豐，或者傾己所有而一無所獲，這種交往中是沒有友誼可言的。

有交友意願的人，首先應該培養自己令人欽佩、極具吸引力的品格，因為不會有人讚賞卑鄙、吝嗇、自私、自利的品格，你必須忠厚誠實、寬宏大量，對他人要盡量包容。一個低調的、縮頭縮尾的、說話轉彎抹角的人，會遭人蔑視的。你必須表現出勇氣和膽識，膽小怕事的懦夫是不會有朋友的。你必須時刻充滿自信，否則別人也無法從你那裡找到信心。沒有誰喜歡與悲觀主義者為鄰，所以你也必須樂觀奮進，滿懷熱情。

如果你對別人表現出真誠的關心，那麼，即便你沒有詢問他業務的細節，工作、家庭等情況，完全只是出於禮貌，別人也會注意你，並報以同樣的關心。你對他的關注和無私，會增進相互之間的友誼。反之，如若你愛貪小便宜，只想在相處中騙取小利，或

想著利用別人的關係或能力來助自己一臂之力，而後拋之不顧，或把你們之間的關係看作是打開金庫大門的一把鑰匙，那麼你永遠也不到真正的友誼。

對真正的朋友，就應該大膽、誠懇地表示出你對友誼的珍惜之心，不妨說出你敬佩、欣賞他的地方。對一個人的愛為什麼要埋藏心裡呢，不說出來，那個人又怎麼會了解你究竟有多愛他呢？說出心裡話，表達出愛，你並不會損失什麼，反而是連繫你和朋友之間的重要紐帶，有著很重要的意義。

有人向一位女士討教她與性情古怪的人也能友好相處的祕訣，女士回答說：「這不難，只要你盡力去欣賞他好的一面，無視他討人厭的一面就可以了。」再沒有比這更好的、可以贏得友誼的祕訣了。

生活中，無論你做任何事情，千萬不要以犧牲友誼為代價。即便是失去一個爬升的機會或一樁生意，也要讓友誼之樹常青。另外，也不要忘記與朋友保持緊密的聯繫。

你與朋友之間應該將心比心，以心換心，這樣友誼才能長存。若由於發生不幸或其他原因，知心朋友離你而去，你應該去結交一些新的朋友。不願擴大朋友圈，是極其危險的。朋友的多少以及他們品格的好壞，往往對你的成功、快樂和價值展現發揮舉足輕重的作用。

朋友是一面鏡子

電子書購買

國家圖書館出版品預行編目資料

當工作動力失去，怎麼說服自己待在這裡？在學校高成績，在職場零業績，不懂提升自己，只會被殘酷的現實拋棄！ / 戴譯凡，羅哈德主編 . -- 第一版 . -- 臺北市：財經錢線文化事業有限公司 , 2023.03

面； 公分

POD 版

ISBN 978-957-680-594-3(平裝)

1.CST: 生活指導 2.CST: 成功法

177.2 112000437

當工作動力失去，怎麼說服自己待在這裡？在學校高成績，在職場零業績，不懂提升自己，只會被殘酷的現實拋棄！

臉書

主 編：戴譯凡，羅哈德

發 行 人：黃振庭

出 版 者：財經錢線文化事業有限公司

發 行 者：財經錢線文化事業有限公司

E-mail：sonbookservice@gmail.com

粉 絲 頁：https://www.facebook.com/sonbookss/

網 址：https://sonbook.net/

地 址：台北市中正區重慶南路一段六十一號八樓 815 室

Rm. 815, 8F., No.61, Sec. 1, Chongqing S. Rd., Zhongzheng Dist., Taipei City 100, Taiwan

電 話：(02) 2370-3310 傳 真：(02) 2388-1990

印 刷：京峯彩色印刷有限公司（京峰數位）

律師顧問：廣華律師事務所 張珮琦律師

定 價： 350 元

發行日期： 2023 年 03 月第一版

◎本書以 POD 印製